Traditionelles

Küsten-Kochbuch

garant

Inhalt

Vorwort

Die deutsche Küste bezaubert mit herrlich abwechslungsreichen Landschaften wie Inseln, Halligen, Wattenmeer, Kliff- und Boddenküsten sowie zwei Meeren: die raue Nordsee und die friedlichere Ostsee. Eine entsprechende Vielfalt bieten auch die Speisekarten der Küstenregionen. Fisch ist das Lebensmittel, das den meisten zuerst in den Sinn kommt, wenn sie an die Küste denken. Neben Fischbrötchen und -suppen, Heringssalat, Speckscholle oder Backfisch hat die Küstenküche jedoch noch einiges mehr zu bieten. So gibt es beispielsweise an der Nordsee neben ausgedehnten Obstplantagen auch riesige Kohlanbaugebiete, in denen der Grünkohl heranreift, der in vielen typischen Gerichten eine wichtige Rolle spielt. Auf den Deichen und Salzwiesen grasen Schafe und auf den Weiden tummeln sich schwarzbunte Kühe. Die Viehwirtschaft ergänzt und bereichert die Speisekarten der Küste um schmackhafte Fleischgerichte wie etwa das Salzwiesenlamm und bildet die Basis für über hundert Käsesorten, die allein in Schleswig-Holstein hergestellt werden.

Die Küstenküche ist meist deftig und bodenständig. Süßes darf dabei dennoch nicht fehlen. So ergänzt die Friesentorte mit viel Sahne perfekt ein gemütliches Beisammensein bei einem Ostfriesentee mit Kluntje (Kandisbrocken) und ein Besuch der Hansestadt Lübeck ist ohne den Genuss einer verführerischen Lübecker Marzipantorte kaum denkbar. Die Hamburger hingegen schwören auf ihre leckeren Franzbrötchen, die Bremer wiederum auf den traditionellen Klaben, eine Art Stollen. Eine breite Auswahl dieser köstlichen Rezepte der Nord- und Ostseeküste finden Sie in diesem Buch. Begeben Sie sich auf kulinarische Entdeckungsreise und genießen Sie den Geschmack der Küstenregionen!

Kulinarische Wurzeln

Die Küche der Küstenregionen ist geprägt von einer langen Tradition. So datiert die Besiedlung der Gebiete an Nord- und Ostsee schon in die Steinzeit. Die Menschen lebten von dem, was ihnen Meer und Land boten. Sie gingen fischen, hielten Nutzvieh und betrieben Landwirtschaft.

Vielfältige Einflüsse

Die stetigen und oftmals gravierenden Veränderungen der Nordseeküste stellten dabei eine besondere Herausforderung dar. Schwere Sturmfluten verschlangen immer wieder einzelne Landstücke und teilten die Inseln. Wind und Strömungen trugen Sand an einer Stelle ab und schwemmten ihn an einem anderem Ort wieder an. Entsprechend schwierig gestalteten sich die Bewirtschaftung des Landes und die Nahrungsgewinnung.

Geprägt wurden die Küstenregionen aber nicht nur durch Wind und Wellen, sondern auch durch die Menschen, die das Land besiedelten: Bereits um das Jahr 600 wanderten Friesen aus den heutigen Niederlanden nach Nordfriesland ein und besiedelten nach einer weiteren Einwanderungswelle schließlich auch Ostfriesland. Zwischen den friesischen Gebieten lebten Sachsen, im Norden schlossen sich die Dänen an und im Osten, im Bereich der Ostsee, die Slawen. Weitere Veränderungen brachten die Eroberungszüge der Wikinger mit sich, denn sie plünderten nicht nur, sondern sorgten auch für einen schwungvollen Seehandel. Auch Kriege und die damit verbundenen Herrscherwechsel sorgten für viele kulinarische Einflüsse: Von den Dänen etwa stammt die rote Grütze, von den Niederländern die Liebe zum Käse und zur Buttermilch und von den Franzosen ein Wein, der auch heute noch in Lübecker Gewölbekellern zur Reife gelangt.

Zwischen Stadt und Land

Besonders geprägt war die Geschichte der Küstenregionen dabei von der Hansezeit (ca. 1250–1650). Während diese Vereinigung niederdeutscher Kaufleute in der Region waltete, erlebte der Seehandel seine Blütezeit. Insbesondere die Hansestädte Bremen, Hamburg, Lübeck, Wismar, Rostock und Stralsund profitierten vom regen Schiffsverkehr und entwickelten sich zu wohlhabenden Städten mit einflussreichen Kaufleuten. Stockfisch, Hering, Salz, Getreide, Wein und Bier zählten zu den wichtigsten Handelsgütern. Daneben kamen auch exotische Gewürze und Obstsorten wie Apfelsinen und Weintrauben, Reis, Tee, Kaffee und Rum in die Kontore der Stadt und bereicherten die Mahlzeiten der Reichen.

Auf dem Land und den Inseln hingegen konnte man zu dieser Zeit von derartigen Genüssen nur träumen und die Ernährung war denkbar einfach: Auf dem Speiseplan standen vielerorts Grütze, Brot und Fisch. Mit der Eindeichung und Entwässerung des Marschlands an der Nordsee erweiterte sich die Rezeptvielfalt jedoch um zahlreiche Fleischgerichte. Nicht nur die Viehzucht wurde nun auf dem trockenen Land möglich, auch die Äcker fielen nicht mehr regelmäßig schweren Überschwemmungen zum Opfer. Noch heute ist die norddeutsche Küstenküche sehr bodenständig. Sie ist nahrhaft, kommt ohne großen Schnickschnack aus und besinnt sich auf das, was Boden und Meer hergeben.

Regionale Produkte und Spezialitäten

Die Küstenküche ist von ihren zahlreichen Produkten geprägt, die die verschiedenen Regionen an Nord- und Ostseeküste hervorbringen. Hierzu zählen nicht nur Fische und Meeresfrüchte, sondern auch Fleisch, Gemüse, Obst und Käse.

Genuss aus dem Meer

Wie in jeder Küstenregion gehören auch an Nord- und Ostsee Fisch und Meeresfrüchte traditionell zu den wichtigsten Produkten. Und so dürfen auch die entsprechenden Gerichte auf keiner Speisekarte in Norddeutschland fehlen. An der Nordseeküste sind dies vor allem die schmackhaften kleinen Krabben, die Granat genannt werden. Der Name stammt vom Niederländischen „gheenaert" ab, was so viel wie Barthaare bedeutet und sich auf die langen Fühler der Meerestiere bezieht. Nordseekrabben werden gleich nach dem Fang auf dem Kutter gekocht und ungeschält direkt im Hafen verkauft. Oft werden sie mit einem Litermaß abgemessen und beutelweise angeboten. Bei gutem Wetter gibt es nichts Schöneres, als sich noch im Hafen ein lauschiges Plätzchen zu suchen und mit dem Krabbenpulen und Naschen zu beginnen!

Beliebte Speisefische sind Dorsch, Kabeljau, Rotbarsch, Aal, Makrele, Heilbutt und an der Ostsee zusätzlich Hering und Hornfisch. Besonders der Hering galt in früheren Zeit als „Armeleuteessen". Schließlich entwickelte er sich zum begehrten Fangobjekt und zum „Brotfisch" der Küstenfischer, der ihnen den Lebensunterhalt sicherte. Wenn die großen Heringsschwärme heute durch die Ostsee ziehen, säumen auch viele Hobbyangler die Brücken, Kais und Strände und hoffen, ebenso wie die Berufsfischer, auf einen guten Fang.

Gourmets erfreuen sich auf Helgoland und Sylt an ganz besonderen Delikatessen: Der berühmte Helgoländer Hummer war fast schon ausgestorben, doch inzwischen gibt es ein Auswilderungsprojekt, das den Bestand langfristig vergrößern soll. Die Feinschmecker werden sich sicher ebenso darüber freuen wie über die Austernzuchtstation auf Sylt. Dort wächst die Austernsorte „Sylter Royal" heran, die inzwischen Liebhaber in aller Welt gefunden hat. Auch Miesmuscheln werden in der Nordsee gezüchtet und kommen, in Weißwein gekocht, traditionell in den Monaten September bis Februar auf den Tisch. Auf der Nordseeinsel Föhr wird die Miesmuschel zu besonderen Anlässen zusätzlich mit Anisschnaps verfeinert und nennt sich dann „Föhrer Festmuschel".

Und außerdem?

Neben Fisch und Meeresfrüchten kommen an der Nordseeküste besonders häufig Lamm und verschiedene Kohlgerichte auf den Teller. Das wunderbar zarte Fleisch der Salzwiesenlämmer, die auf den Deichen grasen, sollte man daher bei einem Besuch in der Region ebenso probieren wie die

Kohlgerichte, die in den Gaststätten zur Erntezeit im Herbst in immer neuen Variationen angeboten werden. Dithmarschen in Nordfriesland ist eines der größten europäischen Kohlanbaugebiete. Millionen Kohlköpfe werden hier ab September geerntet.

Was dem Dithmarscher sein Kohl, ist dem Hamburger sein Obst. Auf den großen Obstplantagen im Alten Land werden überwiegend Äpfel, aber auch Süßkirschen, Birnen, Pflaumen und Beerenfrüchte geerntet.

Holsteiner Käse und Katenschinken

Reist man von der Nordsee aus quer durch Schleswig-Holstein an die Ostsee und dort an der Küste entlang weiter bis nach Mecklenburg-Vorpommern, hat man die Möglichkeit, viele weitere Spezialitäten zu kosten: Eine davon ist Käse. Schleswig-Holstein hat eine lange Käsetradition, die bis ins 16. Jahrhundert zurückreicht, als sich das Land zwischen den Meeren zum bedeutendsten Käseexporteur in Europa entwickelte. 120 verschiedene Käsesorten werden hier mittlerweile produziert. Möchte man sie alle probierten, kann man auf der Käsestraße Schleswig-Holstein eine Rundreise durch das Land unternehmen und dabei von Käserei zu Käserei fahren.

Typisch für Ostholstein, eine Region in Schleswig-Holstein, ist der Katenschinken. Traditionell wurde er in den Häusern der Kleinbauern (Katen) über dem offenen Feuer geräuchert. Inzwischen gibt es nur noch wenige dieser reetgedeckten Katen, in denen der Schinken unter der Decke aufgehängt geräuchert wird, und man verwendet hierfür häufig Räucheröfen. Einige der verbliebenen Schinkenkaten sind jedoch auch heute noch zu besichtigen und auch das fertige Produkt wird hier angeboten.

Wild und Sanddorn in Mecklenburg-Vorpommern

Mecklenburg-Vorpommern hat neben Fisch auch viel Wild zu bieten. Große Waldgebiete mit einem hohen Wildbestand versorgten in früherer Zeit schon die Fürsten und deren Jagdpächter regelmäßig mit Reh-, Hirsch- oder Wildschweinbraten. Heute bekommen Sie Wildgerichte vor allem auf Rügen und dem Darß. Eine Spezialität ganz anderer Art ist Sanddorn, ein stacheliges Dünengewächs mit leuchtend orangefarbenen Früchten, das im Herbst geerntet wird. Das Wildobst kann mit einem Vitamin-C-Gehalt aufwarten, der höher ist als der von Zitronen, und wird seit jeher von den Bewohnern Hiddensees und Rügens zu leckeren Likören, Weinen, Säften und Gelees verarbeitet. Sanddorn-Buttermilch oder Sanddorneis und -kuchen sind ebenfalls im Angebot und bei Besuchern und Einheimischen gleichermaßen beliebt.

Besonderheiten der Küstenküche

Wie wird jedoch aus den genannten Produkten ein typisch norddeutsches Gericht? Und was sind die Besonderheiten der Küstenküche? Folgende Charakteristika fallen auf: Die Küstenküche kennt viele Eintopfgerichte und vor allem deftige Speisen. An Fett wird dabei nicht gespart und auch Kombinationen aus herzhaft und süß sind beliebt. Diese Essgewohnheiten und geschmacklichen Vorlieben spiegeln das Leben der Menschen an der Küste in früherer Zeit wider: Die Arbeit auf Feld, Deich und See war hart und zehrte an den Kräften. Da kam ein kalorienreiches Essen nur recht. Praktisch war es da, wenn sich das Essen aus dem, was Hof und Meer hergaben, schnell und unkompliziert zubereiten ließ. Fischsuppen und Gemüseeintöpfe wärmten und nährten nicht nur, sie schonten auch den Geldbeutel. Auch die Fischer, die tagelang auf See blieben, hatten keine Zeit, sich lange mit dem Kochen aufzuhalten. Mitgeführte Lebensmittel mussten haltbar und energiereich sein und sich schnell „zusammenrühren" lassen. Ein typisches Beispiel hierfür ist Labskaus, ein Gericht aus Kartoffeln, gepökeltem Rindfleisch und Roter Bete.

Kalorienreich und herzhaft-süß

Wer körperlich schwer arbeitet, verträgt und braucht gehaltvolles Essen. So erklärt es sich auch, dass an sich kalorienarme Lebensmittel wie z. B. Scholle mit gebratenem Speck angereichert wurden und Mehlspeisen mit reichlich Butter auf den Tisch kamen. Heute ist der Kalorienbedarf der meisten Menschen zwar längst nicht mehr so hoch, die Finkenwerder Scholle mit viel Speck steht aber immer noch hoch im Kurs. Besonderer Beliebtheit erfreuen sich auch herzhaft-süße Gerichte wie Birnen, Bohnen und Speck oder Schweinefilet mit Äpfeln und Backpflaumen. Diese Verbindung von süßen und deftigen Geschmacksrichtungen hat im Norddeutschen einen Namen und wird „broken sööt" (gebrochene Süße) genannt. Süßes kommt aber nicht nur in Kombination mit Fleisch vor, sondern gerne auch solo. Berühmte norddeutsche Beispiele hierfür sind die rote Grütze, die Friesentorte und die Lübecker Marzipantorte.

Gerichte mit Geschichte

Und wo kommen die bekannten Gerichte der Küstenküche her? Hier hat jedes seinen eigenen besonderen Hintergrund. Hierzu gehören z. B. die Ernte- und Lagerungsbedingungen im traditionellen Gemüse- und Obstanbau. So verdanken etwa die beliebte rote Grütze und der Rumtopf ihre Entstehung schlicht und ergreifend dem Umstand, dass im Sommer und Herbst viele Früchte und Beeren zeitgleich reif werden. Sie frisch zu verzehren war aufgrund der hohen Erntemengen häufig nicht möglich und so wurden sie gekocht oder in Alkohol eingelegt und dadurch wesentlich länger haltbar gemacht.

Einige typische norddeutsche Gerichte haben ihren Ursprung hingegen in den Schlachtfesten. Wurst und Braten wurden an diesen Tagen hergestellt und da möglichst alle Teile des geschlachteten Tieres verwendet werden sollten, kamen auch Blut oder Schweineschnauzen und -pfoten in die Speisen. Dies belegen auch heute noch bekannte Gerichte wie Snuten und Poten („Schnauzen und Pfoten“) und Schwarzsauer (Swattsuur). Bei Letzterem handelt es sich um eine Suppe, deren Hauptzutat frisches Schweineblut ist, das, mit Essig vermischt, gerührt wird, damit es nicht gerinnt. Wahlweise kamen auch bei diesem Gericht Pfoten, Ohren, Schnauzen und andere Fleischstücke vom Schwein hinzu. Die dunkle Farbe des Blutes und der saure Essig gaben der Speise ihren Namen.

Ein weiteres Gericht, dessen Name unter Fremden oft Rätselraten auslöst, ist Grünkohl und Pinkel, im Bremischen auch Braunkohl und Pinkel. Der zunächst etwas unanständig anmutende Name „Pinkel“ bezeichnet jedoch nichts anderes als Grützwurst. Nach einer Deutung geht er auf die bremisch-niedersächsische Bezeichnung für den Mastdarm des Rinds zurück, in den die Wurstmasse gefüllt wurde. Eine andere Deutung bezieht sich auf das alte niederdeutsche Wort für Dreimastsegler, „Pinke“ oder „Pinken“, die die haltbare Wurst gerne als Verpflegung mit an Bord genommen haben sollen.

Der Schifffahrtstradition entstammt auch das Gericht Labskaus. Früher ein reines Seemannsessen, findet man es heute auch auf der Speisekarte renommierter Restaurants. Labskaus besteht aus Pökelfleisch, Kartoffeln, Hering, Gewürzgurken und Roter Bete. Allen Zutaten gemein ist ihre lange Haltbarkeit. So konnten sie mit an Bord genommen werden, ohne schnell zu verderben, und die Zubereitung war einfach und erforderte keine besonderen Kochkenntnisse.

Andere Gerichte gehen auf die Zeit der Hanse zurück. So ist beispielsweise Lübecker Marzipan – mitsamt der hiermit hergestellten Marzipantorte – heute weltbekannt. Das Rezept für die süße Köstlichkeit brachten Kreuzritter aus dem Orient mit, und die Hansekoggen sorgten für die nötigen Gewürze und Zutaten. Die königliche Speise war zunächst nur dem Adel vorbehalten und für das gemeine Volk ohnehin unerschwinglich. Dies änderte sich jedoch mit der Zeit, und auch die Lübecker Bürger kamen schließlich in den Genuss der Süßigkeit. Marzipan besteht aus den Hauptzutaten Mandeln, Zucker und Rosenwasser. Was sonst noch hineinkommt, ist bei allen Lübecker Marzipanherstellern bis heute ein gut gehütetes Geheimnis. Weniger geheimnisumwittert ist der Plettenpudding, eine Nachspeise aus Himbeeren, Biskuit und Eiercreme, der ab dem 19. Jahrhundert in Lübeck auf den Tisch kam und sogar Erwähnung in Thomas Manns berühmtem Roman „Buddenbrooks“ fand.

Getränke von der Küste

Ebenso vielfältig wie die Küche der Küstenregionen ist auch ihre Getränkevielfalt. Ob zu Fisch, Fleisch, Gemüse oder Süßem – zu jeder Speise findet sich hier das passende Getränk. Typische Getränke sind beispielsweise das Bier, das von Bremen bis Stralsund gebraut wird. Als Verdauungsschnaps wird auch gerne ein Klarer getrunken. Im Winter wärmen Kaffee und Kakao mit Rum oder Punsch und Grog die klammen Finger und den Bauch. Nicht selten waren sie mit einem Schuss Alkohol versetzt. So manche Erkältung sollen diese „Warmmacher“ schon im Keim erstickt haben – behaupten zumindest die Insel- und Küstenbewohner. Und Besucher lassen es gerne auf einen Versuch ankommen.

Kaffee oder Tee?

Das Wetter an der Küste ist oft rau, besonders im Winter, wenn die Stürme über das flache Land fegen und die Flut auf den Halligen für „Land unter" sorgt. Wer es sich erlauben konnte, blieb daher bei Sturm und Kälte im Haus und wärmte sich an heißen Getränken. Hierzu gehören Kaffee und, vor allem Tee. Bremen mit dem deutschlandweit größten Kaffeeumsatz ist hierzulande die Kaffeehauptstadt. Was dem Bremer sein Kaffee, ist dem Ostfriesen sein Tee. Täglich werden hier viele Tassen des aromatischen Getränks getrunken, am liebsten der kräftige Ostfriesentee. Hierbei handelt es sich um eine Mischung aus bis zu zehn verschiedenen Schwarzteesorten, die zusammen einen sehr dunklen Tee ergeben. In Ostfriesland wird der Tee aber nicht nur einfach so getrunken, er wird regelrecht zelebriert. Neben dem Tee selbst braucht man dafür noch Sahne und Kluntje (Kandisbrocken). Schon das Knistern und Knacken der Kandisbrocken, die zuerst in die Tasse kommen, weckt Vorfreude auf den Teegenuss, wenn man den heißen Tee über sie gießt. Mit einem Sahnelöffel gibt man dann ein wenig Rahm auf den Tee. Die Sahne geht langsam unter und steigt als Wölkchen (Wulkje) wieder auf. Umrühren ist dabei übrigens verboten! Der Tee soll stattdessen auf dreierlei Art geschmeckt werden: zuerst der reine, starke Tee, dann zusammen mit der Sahne und ganz zum Schluss fast am Grund der Tasse kommt die Süße des Kandiszuckers hinzu.

Heiß und hochprozentig

Tee ist auch die Basis für viele Punschvarianten. Eine davon ist der ostfriesische Orangenpunsch, der im Winter wunderbar von innen wärmt. Hierfür kocht man Orangensaft zusammen mit Wasser, Tee, Rum und einigen Rosinen auf. Dass man den Tee auch weglassen und dafür mehr Rum verwenden kann, werden sich die Ostfriesen einst gedacht haben – und schon war der Grog, ein heißes Rumgetränk, erfunden. Nach dem Tee ist er das zweite „Nationalgetränk" der Region. Seine Zutaten werden scherzhaft mit den Worten beschrieben: „Rum muss, Zucker kann und Wasser braucht nicht". Ein Rezept, das diesem Ausspruch recht nahe kommt, ist der Angler Muck aus der Gegend zwischen Schlei und Flensburger Förde. Hierfür benötigt man jeweils 500 Milliliter Wasser und Rum, 4 Esslöffel Zucker und 8 Esslöffel Zitronensaft. Alle Zutaten werden zusammen erhitzt (nicht kochen!) und umgehend serviert.

Es gibt jedoch auch zahlreiche Varianten, in denen nicht nur Rum enthalten ist. Eines davon ist der friesische Eiergrog. Hierfür benötigt man pro Person 1 Eigelb, 1 Esslöffel Puderzucker, 2 Zentiliter Rum und heißes Wasser. Eigelb und Puderzucker werden schaumig geschlagen, der Rum zugegeben und das Glas mit heißem Wasser aufgefüllt.

Bei der Liebe der Küstenbewohner zu Hochprozentigem ist es nicht verwunderlich, dass es auch verschiedene Geschichten und Legenden gibt, die sich um die alkoholischen Heißgetränke ranken. Wenn man beispielsweise auf Föhr oder den Halligen von einer Toten Tante spricht, ist dabei nicht unbedingt eine verstorbene Verwandte gemeint, sondern oftmals vielmehr ein heißer Kakao mit Rum und Sahnehaube. Der Name soll auf eine Dame zurückgehen, die einst von Föhr nach Amerika auswanderte. Da sie verfügt hatte, nach ihrem Ableben in der alten Heimat bestattet zu werden, verschiffte man die Verstorbene kurzerhand in einer Kiste Kakao nach Föhr, um die teuren Überführungskosten einzusparen. Dies gab dem heutigen Getränk der Legende nach seinen Namen.

Auch um den Pharisäer, heißer Kaffee mit Rum und Sahne, rankt sich eine Legende: So soll sich der Gastgeber einer Kindstaufe auf Nordstrand einst nicht getraut haben, seinen Gästen Schnaps anzubieten, solange der Pfarrer anwesend war. Also kam der frischgebackene Kindsvater auf die Idee, den Schnaps in den Kaffee zu gießen und mit einer Sahnehaube zu bedecken, damit vom Alkohol nichts mehr zu riechen war. Die geheime Zutat flog jedoch auf, als der Pfarrer versehentlich einen mit Rum versetzten Kaffeebecher bekam. Wütend soll er daraufhin die restlichen Gäste als Pharisäer – die heuchlerischen Schriftgelehrten aus der Bibel – betitelt haben.

Bier und Wein

Kaffee, Kakao oder Tee mit Rum gibt es vor allem an der Nordseeküste. Die Zutaten dafür kamen über die großen Seehäfen Bremerhaven und Hamburg oder über Flensburg ins Land. Hier lieferten Frachtensegler schon im 18. Jahrhundert fässerweise jamaikanischen Rum an. Flensburg, die nördlichste Stadt Deutschlands, ist bis heute Rumstadt geblieben und viele Rumfirmen haben dort ihren Geschäftssitz. Bekannt ist sie jedoch auch für Aquavit (ein Kümmelbrand) und ihr Bier, das in

Flaschen mit Bügelverschluss abgefüllt wird. Überhaupt wurde und wird im Norden viel Bier gebraut. Vom 13. bis ins 16. Jahrhundert gab es in Norddeutschland Hunderte von Brauereien und dank des wirtschaftlichen Zusammenschlusses der Hansekaufleute wurden riesige Mengen des Gerstensafts exportiert, was den Reichtum der Hansestädte weiter mehrte. Inzwischen hat sich die Zahl der Brauereien längst stark reduziert, doch noch immer wird in den großen Städten an Nord- und Ostsee Bier gebraut, das einen guten Ruf genießt.

An Wein hingegen denken die wenigsten, wenn es um die deutschen Küstenregionen geht. Doch obwohl es im Norden aufgrund der hier vorherrschenden klimatischen Verhältnisse keine heimische Weinbautradition gibt, spielt Rotwein für die Hansestadt Lübeck eine besondere Rolle. Denn hier wird der berühmte Rotspon ausgeschenkt, der zwar nie in der Hansestadt angebaut wurde, aber in den ehrwürdigen Kellern der alten Kaufmannshäuser reifte. Diese Tradition besteht seit dem 13. Jahrhundert. Lübecker Kaufleute importierten Bordeaux und Burgunder aus Frankreich und lagerten ihn in Holzfässern ein, bis er voll ausgereift war. Selbst Napoleon, der Lübeck besetzte, soll vom dort lagernden Wein sehr angetan gewesen sein und mochte ihn angeblich lieber als den französischen Bordeaux aus der Heimat.

Kulinarisches rund ums Jahr

Die Norddeutschen sind zwar nicht gerade für ihren Überschwang bekannt, bietet sich ihnen aber die Gelegenheit, feiern sie dennoch gerne. Willkommene Anlässe sind wie andernorts auch vor allem Hochzeiten, Geburten und Taufen. Gefeiert werden aber auch Jahreszeiten und „Wetter-und-Ernte-Tage". Stets sind diese Feste auch mit bestimmten Gerichten und Getränken verbunden.

Dies beginnt bereits am 1. Januar: In Ostfriesland werden zu Jahresbeginn Neejahrskoken serviert – Waffelhörnchen, die aus dünnem Teig gebacken und aufgerollt werden. Die „Neujahrskuchen" sollen Glück bringen und das Jahr über vor Hunger schützen. Ebenfalls im Januar findet die Bremer Eiswette statt. Seit 1829 wird im Voraus darauf gewettet, ob die Weser am 6. Januar zugefroren oder eisfrei sein wird. Wettpreis war traditionell ein Kohlessen. Zwar ist die Weser seit Jahrzehnten an diesem Tag eisfrei, auf das damit verbundene Spektakel und das anschließende Grünkohlessen möchte aber niemand verzichten. Grünkohl wird traditionell auch am 21. Februar aufgetischt, wenn auf den nordfriesischen Inseln die Biikefeuer entzündet werden. Sie sollen den Winter vertreiben.

Im März und April feiert man auf Usedom die berühmten Heringswochen und prämiert dabei das beste Heringsgericht mit dem „Goldenen Hering". Auch Rügen und Wismar stehen zu dieser Zeit im Zeichen des silbernen Fisches. Von Mai bis Juli hingegen feiern die Nordfriesen ihre Lammtage. Zahlreiche Veranstaltungen und Gerichte vom Salzwiesenlamm werden dabei angeboten. In diese Zeit fallen auch die Matjestage, die zu unterschiedlichen Terminen in vielen Küstenorten gefeiert werden.

Mit dem traditionellen Kohlanschnitt, der den Beginn der Kohlernte einleitet, starten im September die Dithmarscher Kohltage. Kohlgerichte aller Art, die Wahl zweier Kohlregentinnen und Gemüsemärkte locken die Besucher in die Region. Auf Amrum startet im September die Muschelsaison mit einem Fest für Groß und Klein und diversen Muschel- und Meeresfrüchtespeisen. Bei den Husumer Krabbentagen, die schließlich im Oktober stattfinden, gibt es Krabben satt direkt vom Kutter, Krabbenpul- und Kochwettbewerbe sowie einen Kunsthandwerkermarkt.

CONDOR

Leben mit dem Watt

Der bei Niedrigwasser trocken fallende Boden der Gezeitenküste bietet vielen Tierarten einen Lebensraum und ist ein wahrer Besuchermagnet. So gehören Wattwanderungen mit anschließendem Krabbenpulen an der Küste zu den beliebtesten touristischen Vergnügungen. Durch den Nationalpark Wattenmeer sind viele Tiere wie die Herzmuschel vor dem Fang geschützt.

SUPPEN UND SALATE

Hamburger Aalsuppe

Zubereitungszeit ca. 6 Std. und 45 Min.

Zutaten für 4 Portionen

2 kg Kalbsknochen, 1 kg Schinkenknochen, 2 kg Rinderknochen, Salz, Zucker, 250 g Möhren, 2 Stangen Lauch, 1 Knollensellerie, gemischte Kräuter (z. B. Bohnenkraut, Dill, Estragon, Petersilie, Kerbel, Majoran, Thymian) und etwas Petersilie für die Garnitur, einige Pfefferkörner, 1 Lorbeerblatt, 50 g Erbsen, 200 g gemischte Trockenfrüchte (z. B. Pflaumen, Äpfel und Birnen), 1 kleiner Räucheraal, etwas Essig, 1 kleines Glas Sherry

1. Knochen in einen großen Topf geben und mit kaltem Wasser bedecken. Aufkochen lassen, Schaum entfernen und mit etwas Salz und Zucker würzen. Bei geringer Hitze ca. 6 Stunden köcheln lassen.
2. Möhren, Lauch und Sellerie putzen bzw. schälen, waschen und klein würfeln. Kräuter waschen und trocken schütteln. Ca. 2 Stunden vor Ende der Kochzeit einen Teil des Gemüses, Kräuter, Pfefferkörner und Lorbeerblatt zufügen. Restliches Gemüse beiseitestellen.
3. Brühe durch ein Sieb passieren. Restliches Gemüse und Erbsen in ausreichend Salzwasser gar kochen. Trockenfrüchte in wenig Wasser einweichen und klein würfeln. Aal filetieren und in mundgerechte Stücke schneiden. Brühe mit Essig und Sherry süßsauer abschmecken.
4. Aal mit Gemüse und Trockenfrüchten in angewärmten Suppenschalen anrichten und mit Brühe auffüllen. Mit Petersilie dekoriert servieren.

Rügener Fischsuppe

Zubereitungszeit ca. 1 Std. und 5 Min.

Zutaten für 4 Portionen

3 Kartoffeln, 1 Bund Suppengrün, 2 EL Butter, Salz, 2 Zwiebeln, 1 Lorbeerblatt, 1 Nelke, 6 Pfefferkörner, 6 Pimentkörner, 40 g Schinkenspeck, 1 TL Öl, 1 EL Meerrettich, 100 g Sahne, 1–2 EL Zitronensaft, frisch gemahlener Pfeffer, 600 g Dorschfilet, 2 EL gehackte Petersilie

1. Kartoffeln und Suppengrün schälen bzw. putzen, waschen und würfeln. Butter in einem Topf erhitzen. Kartoffeln und Suppengrün darin ca. 5 Minuten andünsten. Ca. 1 ¼ Liter Wasser zugießen und etwas Salz zugeben. Zwiebeln schälen. Lorbeerblatt mit der Nelke an einer Zwiebel feststecken und in den Topf geben. Pfeffer- und Pimentkörner zugeben. Zugedeckt ca. 10 Minuten köcheln lassen.
2. Restliche Zwiebel fein hacken. Schinkenspeck fein würfeln. Öl in einer Pfanne erhitzen und Speck darin anbraten. Zwiebel zugeben und kurz mitbraten.
3. Speck-Zwiebel-Mischung in die Suppe geben. Meerrettich und Sahne unterrühren. Mit Zitronensaft und Pfeffer pikant abschmecken.
4. Dorschfilet gründlich waschen und mit Küchenpapier trocken tupfen. In mundgerechte Stücke schneiden und in die Suppe geben. Bei geringer Hitze ca. 15 Minuten darin gar ziehen lassen. Zwiebel mit Gewürzen entfernen. Fischsuppe in Suppenschalen füllen und mit Petersilie bestreut servieren. Dazu schmeckt frisches Baguette.

Schnüüsch

(Gemüseeintopf)

Zubereitungszeit ca. 45 Min.

Zutaten für 4 Portionen

200 g kleine Kartoffeln, Salz, 200 g dicke Bohnen, 250 g Möhren, 250 g Kohlrabi, 250 g Erbsen, 250 g Buschbohnen, etwas Bohnenkraut, 1 Bund Petersilie, 1 l Milch, 1 EL Butter, frisch gemahlener Pfeffer

1. Kartoffeln schälen, würfeln und in ausreichend Salzwasser gar kochen. Bohnen, Möhren, Kohlrabi, Erbsen und Buschbohnen putzen, waschen und je nach Gemüseart in kleine Würfel schneiden. Mit Bohnenkraut in wenig Salzwasser gar kochen (unterschiedliche Garzeiten beachten!).
2. Petersilie waschen, trocken schütteln und Blätter fein hacken. Milch mit Petersilie und Butter in einem Topf erhitzen. Kartoffeln und Gemüse zufügen und mit Salz und Pfeffer abschmecken.

Zu diesem typischen Sommeressen schmeckt frisches Landbrot. Traditionell werden auf einem zweiten Teller geräucherter Schinken und Matjes zum Schnüüsch gereicht.

Schleswig-Holsteiner Weinsuppe

Zubereitungszeit ca. 55 Min. + 12 Std. Einweichzeit

Zutaten für 8 Portionen

250 g Perlgraupen, 100 g Korinthen, 200 g Rosinen, Saft von ½ Zitrone, 1 Zimtstange, ½ TL Kardamom, 1 l Weißwein, 1 Schuss Rum, 6 Eigelb, Zucker nach Geschmack

1. Graupen gründlich waschen. In einen Topf mit 2 ½ bis 3 Liter Wasser geben und über Nacht einweichen.
2. Graupen mit Korinthen, Rosinen, Zitronensaft, Zimt und Kardamom im Einweichwasser ca. 30–45 Minuten gar kochen. Zimtstange entfernen. Wein und Rum zugeben und unter Rühren erhitzen (nicht kochen!). Eigelbe mit Zucker verrühren und Suppe damit binden.

Zur Schleswig-Holsteiner Weinsuppe reicht man frisches gebuttertes Weißbrot, belegt mit gekochtem Schinken.

Blumenkohlsuppe Bremer Art

Zubereitungszeit ca. 45 Min.

Zutaten für 4 Portionen

1 großer Blumenkohl, Salz, 200 g Sahne, frisch gemahlener Pfeffer, etwas frisch geriebener Muskat, 12 küchenfertige Garnelen, 1 EL Butter, 4 Stängel Dill, 4 Holzspieße

1. Blumenkohl putzen, waschen und in kleine Röschen teilen. 800 Milliliter Wasser in einen Topf geben, Salz und Blumenkohlröschen zufügen und zum Kochen bringen. Sahne zugeben und alles ca. 10 Minuten köcheln lassen.
2. Suppe mit dem Stabmixer fein pürieren und mit Salz, Pfeffer und Muskat abschmecken. Suppe warm halten.
3. Garnelen unter fließendem Wasser säubern und trocken tupfen. Butter in einer Pfanne erhitzen und Garnelen darin ca. 5 Minuten anbraten. Mit Salz und Pfeffer würzen. Dill waschen und trocken schütteln.
4. Suppe in vier Suppenschalen verteilen. Jeweils 3 Garnelen auf einen Holzspieß stecken und Suppe damit garnieren. Mit gewaschenem, trocken geschütteltem Dill garniert servieren.

Hamburger Hummersuppe

Zubereitungszeit ca. 35 Min.

Zutaten für 4 Portionen

400 ml Gemüsefond, 200 ml Weißwein, 100 g Hummersuppenpaste, Salz, frisch gemahlener Pfeffer, etwas Cayennepfeffer, 1 Spritzer Sojasoße, 1 Schuss Cognac, 200 g Sahne, küchenfertiges Fleisch von 2 Hummern à 500 g, etwas Crème fraîche, 4 Stängel Estragon

1. Gemüsefond, Weißwein und 200 Milliliter Wasser in einen Topf geben, Hummersuppenpaste einrühren und alles aufkochen lassen. Mit Salz, Pfeffer, Cayennepfeffer, Sojasoße und Cognac kräftig abschmecken.
2. Hummerfleisch in mundgerechte Stücke schneiden und ca. 5 Minuten in der Suppe gar ziehen lassen (nicht kochen!). Suppe vom Herd nehmen und Hummerfleisch herausnehmen. Suppe auf ca. 80 °C abkühlen lassen, Sahne einrühren und mit dem Stabmixer aufschäumen. Hummerfleisch wieder zugeben.
3. Hummersuppe auf vorgewärmten Suppenschüsseln oder tiefen Tellern anrichten. Mit einem Klecks Crème fraîche und gewaschenem, trocken geschütteltem Estragon garniert servieren. Dazu passen frisches Baguette und Weißwein.

Ammerländer Mockturtlesuppe

Zubereitungszeit ca. 2 Std. und 10 Min.

Zutaten für 6 Portionen

300 g Gulasch, 300 g küchenfertiges Schweineherz, 2 Scheiben Toastbrot, 250 g Hackfleisch, 1 Ei, Salz, frisch gemahlener Pfeffer, 500 g Zwiebeln, 1 Knoblauchzehe, 3 EL Schweineschmalz, 1 EL Mehl, 100 ml trockener Rotwein, 1 EL Tomatenmark, 1 EL Worcestersoße, 40 ml Sherry, 250 g Champignons, 1 EL Butter, etwas Petersilie für die Garnitur

1. Gulasch und Schweineherz fein würfeln. Toastbrot in etwas Wasser einweichen. Gut ausdrücken und mit Hackfleisch und Ei vermischen. Mit 1 Teelöffel Salz und ½ Teelöffel Pfeffer würzen. Zu einem glatten Teig verarbeiten und aus dem Teig kleine Bällchen formen. Zwiebeln und Knoblauch schälen und fein hacken.
2. 2 Esslöffel Schmalz in einem Schmortopf erhitzen. Darin nacheinander portionsweise Gulasch, Schweineherz und Hackfleischbällchen von allen Seiten kräftig anbraten. Fleisch beiseitestellen. Zwiebeln und Knoblauch in den Schmortopf geben und andünsten. Aus dem Topf nehmen und ebenfalls beiseitestellen.
3. Restliches Schmalz in den Schmortopf geben und erhitzen. Mehl zufügen und anschwitzen. Mit Rotwein und 500 Millilitern Wasser ablöschen. Mit dem Schneebesen glatt rühren. Tomatenmark einrühren und alles kurz aufkochen lassen. Soße mit Salz, Pfeffer, Worcestersoße und Sherry abschmecken.
4. Fleisch, Zwiebeln und Knoblauch in den Topf geben und bei geringer Hitze ca. 1 Stunde köcheln lassen, bis das Fleisch gar ist. Bei Bedarf etwas Wasser zugeben.
5. Champignons waschen, putzen und in Scheiben schneiden. Butter in einer Pfanne erhitzen, Pilze darin anbraten und in die Suppe geben. Suppe bei geringer Hitze weitere ca. 20 Minuten köcheln lassen.
6. Mockturtlesuppe noch heiß in Suppenschalen füllen und mit etwas gewaschener, trocken geschüttelter Petersilie dekoriert servieren. Dazu passt Roggenbrot.

Der Kreis Ditmarschen

Der Kreis Dithmarschen im Westen Schleswig-Holsteins ist mit 2500 bis 3000 Hektar fruchtbaren Marschböden seit dem späten 19. Jahrhundert das größte zusammenhängende Kohlanbaugebiet Europas. Bekannt sind die hier seit 1986 im späten September stattfindenden Kohltage, die mit einem großen Fest rund um das landwirtschaftliche Vorzeigeprodukt die Erntezeit einläuten.

Dithmarscher Weißkohleintopf

Zubereitungszeit ca. 2 Std.

Zutaten für 4 Portionen

1 mittelgroßer Kopf Weißkohl, 2 l Gemüsebrühe, 750 g Räucherspeck, 1 kg mehligkochende Kartoffeln, Salz, frisch gemahlener Pfeffer, 1 TL Kümmel, etwas frisch geriebener Muskat, 1 EL Butter

1. Weißkohl putzen, waschen und in mundgerechte Streifen schneiden. Gemüsebrühe mit 1 Liter Wasser in einem großen Topf zum Kochen bringen. Kohl und Räucherspeck hineingeben und ca. 1 Stunde köcheln lassen.
2. Kartoffeln schälen und vierteln. Zum Kohl geben und alles mit Salz, Pfeffer, Kümmel und Muskat würzen. Weitere ca. 30 Minuten köcheln lassen.
3. Über einem Sieb abgießen, dabei Kochflüssigkeit auffangen. Räucherspeck beiseitestellen. Kohl und Kartoffeln grob stampfen und Butter unterrühren. Nach Belieben etwas Kochflüssigkeit zugeben und Eintopf nochmals mit Gewürzen abschmecken. Räucherspeck in mundgerechte Stücke schneiden und Weißkohleintopf mit Räucherspeck servieren.

Kohl ist preiswert und enthält zahlreiche sekundäre Pflanzenstoffe, Ballaststoffe, Vitamine und Mineralstoffe wie z. B. Folsäure. Figurbewusste ersetzen den Speck durch mageren Kasseler.

Mecklenburger Tüften un Plum

Zubereitungszeit ca. 1 Std. und 5 Min.

Zutaten für 4 Portionen

200 g entsteinte Trockenpflaumen, 600 g mehligkochende Kartoffeln, 2 Zwiebeln, ½ Knolle Sellerie, 2 Möhren, 2 EL Öl, 1 l Gemüsebrühe, 200 g Sahne, Salz, frisch gemahlener Pfeffer, etwas Essig, 200 g Räucherspeck, 4 EL gehackte Petersilie

1. Trockenpflaumen in etwas Wasser einweichen und beiseitestellen. Kartoffeln schälen und würfeln. Zwiebeln schälen und fein hacken. Sellerie und Möhren schälen und würfeln.
2. Öl in einem Topf erhitzen und Zwiebeln darin andünsten. Kartoffeln, Sellerie und Möhren zugeben und mit Gemüsebrühe aufgießen. Alles aufkochen und zugedeckt ca. 25–30 Minuten bei geringer Hitze köcheln lassen.
3. Suppe mit dem Stabmixer grob pürieren. Sahne unterrühren und Suppe mit Salz, Pfeffer und Essig abschmecken. Warm halten.
4. Trockenpflaumen über einem Sieb abtropfen lassen, mit Küchenpapier trocken tupfen und grob würfeln. Räucherspeck in einer Pfanne auslassen und Trockenpflaumen zugeben. Ca. 2–3 Minuten braten.
5. Suppe in vorgewärmte Teller füllen und je 1–2 Esslöffel Pflaumen-Speck-Mischung daraufgeben. Mit Petersilie bestreut servieren.

Holsteiner Schwarzsauer

Zubereitungszeit ca. 2 Std.

Zutaten für 4 Portionen

1 kg Schweinebauch mit Schwarte (ohne Rippen), 1 kg Schweinenacken (ohne Knochen), 2 Zwiebeln, 5 Nelken, 5 Lorbeerblätter, 8 Wacholderbeeren, 1 l Schweineblut (Fleischer), Salz, frisch gemahlener Pfeffer, 200 ml Branntweinessig, nach Geschmack Zucker

1. Fleisch in einem großen Topf vollständig mit Wasser bedecken und ca. 1 ½ Stunden köcheln lassen (nicht würzen!).
2. Zwiebeln schälen und grob schneiden. In einem anderen großen Topf Zwiebeln mit Nelken, Lorbeerblättern und Wacholderbeeren in 500 Milliliter Wasser ansetzen und zum Kochen bringen. Gewürzsud ca. 1 Stunde ziehen lassen.
3. Ist das Fleisch fertig gegart, aus dem Topf nehmen, in mundgerechte Stücke schneiden und beiseitestellen.
4. Eine Kelle Fleischkochwasser durch ein Sieb in einen Topf geben und unter ständigem Rühren langsam kellenweise das Schweineblut einlaufen lassen. Topf auf den Herd stellen und Suppe vorsichtig zum Kochen bringen.
5. Gewürzsud durch ein Sieb in die Suppe passieren. Mit Salz, Pfeffer, Essig und Zucker nach Geschmack abschmecken. Das gewürfelte Fleisch zugeben. Dazu passen Mehlklöße oder Kartoffeln.

Birnen, Bohnen und Speck

Zubereitungszeit ca. 1 Std. und 15 Min.

Zutaten für 4 Portionen

2 Zwiebeln, 500 g luftgetrockneter, durchwachsener Speck, 1 Lorbeerblatt, Salz, 500 g grüne Bohnen, 350 g Kartoffeln, 4 kleine Birnen, 3 Stängel Bohnenkraut, etwas Butter, 1 EL Speisestärke, frisch gemahlener Pfeffer, einige Stängel Petersilie für die Garnitur

1. Zwiebeln schälen. Speck in dicke Scheiben schneiden. Zwiebeln, Speck und Lorbeerblatt in einen Topf geben und mit ca. 1 ¼ Liter leicht gesalzenem heißem Wasser bedecken. Kurz aufkochen lassen und abgedeckt bei mittlerer Hitze ca. 25 Minuten garen.
2. Bohnen waschen, eventuell in der Mitte durchbrechen. Kartoffeln schälen, waschen und vierteln. Birnen waschen, längs halbieren und entkernen. Bohnenkraut waschen und trocken schütteln. Blätter von den Stielen zupfen und grob hacken.
3. Bohnen und Kartoffeln zu Zwiebeln und Speck geben und ca. 5 Minuten mitgaren, Birnen mit Bohnenkraut zum Eintopf geben und alles in ca. 15 Minuten fertig garen. Zwiebeln, Speck, Bohnen, Kartoffeln, Birnen und Lorbeerblatt aus dem Kochwasser nehmen. Speck warm halten. Zwiebeln in dicke Scheiben schneiden. Etwas Butter in einer Pfanne zerlassen und Zwiebeln darin kurz anrösten.
4. Stärke mit wenig Wasser glatt rühren, Kochwasser damit leicht sämig binden und nochmals aufkochen. Mit Salz und Pfeffer abschmecken.
5. Birnen, Bohnen, Kartoffeln und Speck auf vorgewärmten Tellern mit angerösteten Zwiebeln anrichten und mit etwas eingedicktem Kochwasser übergießen. Mit gewaschener, trocken geschüttelter Petersilie garniert servieren.

Holsteiner Rübenmalheur

Zubereitungszeit ca. 1 Std. und 45 Min.

Zutaten für 8 Portionen

1 kg Kasseler, 1 kg Steckrüben, 500 g Möhren, 1 kg Kartoffeln, Salz, frisch gemahlener Pfeffer, 4 Mettenden, 1 Bund Petersilie, 1 große Zwiebel, 300 g Räucherspeck

1. Kasseler in einen Topf mit ausreichend Wasser geben und ca. 1 Stunde garen. Herausnehmen und in mundgerechte Stücke schneiden. Steckrüben, Möhren und Kartoffeln schälen und grob würfeln.
2. Gemüse ins Kochwasser geben und mit Salz und Pfeffer würzen. Ca. 20–25 Minuten bei mittlerer Hitze garen. Ca. 10 Minuten vor Ende der Garzeit Kasseler und halbierte Mettenden zugeben und mitköcheln lassen.
3. Petersilie waschen, trocken schütteln und Blätter fein hacken. Zwiebel schälen und ebenfalls fein hacken. Räucherspeck würfeln und in einer Pfanne auslassen. Zwiebel zugeben und kurz mitbraten. Rübenmalheur in vorgewärmten Tellern anrichten und Zwiebel-Speck-Mischung darübergeben. Mit Petersilie bestreut servieren.

In der Variante „Rübenmus" werden bei diesem Traditionsgericht Gemüse und Kartoffeln vor dem Servieren gestampft und mit etwas Butter, Salz, Pfeffer und Muskat verfeinert.

Roter Heringssalat

Zubereitungszeit ca. 30 Min.

Zutaten für 6 Portionen

3 Eier, 2 Äpfel, 2 Zwiebeln, einige eingelegte Gewürzgurken, 500 g gekochte, vakuumierte Rote Bete, 6 Heringsfilets, 250 g Schmand oder Crème fraîche, 200 g saure Sahne, 150 g Naturjoghurt, bei Bedarf etwas Milch, nach Belieben etwas Zucker, etwas Petersilie und grob gehackte Walnüsse für die Garnitur

1. Eier hart kochen, abkühlen lassen, pellen und in feine Würfel schneiden. Äpfel schälen und entkernen. Zwiebeln schälen, Gewürzgurken abtropfen lassen. Äpfel, Zwiebeln, Gewürzgurken und Rote Bete würfeln. Heringsfilets trocken tupfen und ebenfalls würfeln. Alles in einer Schüssel vermischen.
2. Schmand oder Crème fraîche, saure Sahne und Joghurt zugeben und unterrühren. Bei Bedarf etwas Milch zugeben und ebenfalls unterrühren. Nach Belieben mit Zucker abschmecken und mit Petersilie und Walnüssen garnieren. Dazu schmecken Pellkartoffeln oder frisches Schwarzbrot.

Der Rote Heringssalat ist ein beliebtes Neujahrsessen. Für das Rezept gibt es zahlreiche Varianten, z. B. mit Fleischwurst oder gesottenem Rindfleisch. Auch halbierte gekochte Eier können gut dazu serviert werden.

Matjes-Kartoffelsalat

Zubereitungszeit ca. 15 Min.

Zutaten für 1 Portion

1 Matjesfilet, 160 g Pellkartoffeln vom Vortag, 1 rote Zwiebel, ½ kleiner Apfel, 1 Stängel Dill, 4 EL Apfelessig mit Honig, 1 EL Öl, Salz, frisch gemahlener weißer Pfeffer

1. Matjesfilet unter kaltem Wasser waschen, trocken tupfen und in mundgerechte Stücke schneiden. Kartoffeln schälen und in Spalten schneiden. Zwiebel schälen und in Streifen schneiden. Apfel waschen, halbieren, Kerngehäuse entfernen und Fruchtfleisch in dünne Spalten schneiden. Dill waschen, trocken schütteln und Fähnchen fein hacken.
2. Dill mit Essig und Öl verrühren und mit Salz und Pfeffer abschmecken. Matjes, Kartoffeln, Zwiebel und Apfel in einer Schüssel vermischen und mit dem Dressing vermischen. Kurz durchziehen lassen und servieren.

Dieser Salat lässt sich leicht variieren. Wer es noch herzhafter mag, brät einfach etwas geräucherten, durchwachsenen Speck knusprig an und mischt ihn vor dem Servieren unter den Salat.

Büsumer Krabbensalat

Zubereitungszeit ca. 10 Min.

Zutaten für 4 Portionen

½ Salatgurke, 1 Glas Kapern, 300 g küchenfertige Nordseekrabben, 2 EL Öl, 1 Prise Salz, frisch gemahlener Pfeffer

1. Gurke schälen, entkernen und grob würfeln. Kapern über einem Sieb abtropfen lassen. Nordseekrabben waschen und über einem Sieb abtropfen lassen.
2. Gurke, Kapern und Nordseekrabben in einer Schüssel vorsichtig miteinander vermischen. Mit Öl, Salz und Pfeffer abschmecken.

Zu diesem schnellen, herzhaften Salat schmeckt geröstetes Baguette. Dazu passt ein trockener Weißwein.

Fischfang

Denkt man an die Nord- und Ostseeküche, kommen einem vermutlich als Erstes Fisch und Meeresfrüchte in den Sinn. Von Heringen über Schollen und Sprotten bis hin zu Muscheln oder Krabben bieten Hunderte von Meeresbewohnern zahlreichen Fischern eine Erwerbsquelle und kommen fangfrisch von Fischerboot und Kutter auf die Märkte der Häfen.

KLEINE GERICHTE

Matjes in Apfel-Sahne-Soße

Zubereitungszeit ca. 20 Min. + 2 Std. Kühlzeit

Zutaten für 8 Portionen

8 Matjesfilets, 2 Zwiebeln, 4 Äpfel, 250 g Sahne, 2 EL Mayonnaise, 1 TL Zucker, 2 Stängel Dill, frisch gemahlener Pfeffer

1. Matjesfilets unter kaltem Wasser waschen, trocken tupfen und in mundgerechte Stücke schneiden. Zwiebeln schälen und in Streifen schneiden. Äpfel schälen, halbieren, Kerngehäuse entfernen und Fruchtfleisch klein würfeln. Alles in einer Schüssel vorsichtig miteinander vermischen.
2. Sahne leicht schlagen (nicht steif schlagen!) und mit Mayonnaise und Zucker verrühren. Matjes, Zwiebeln und Äpfel unterheben. Ca. 2 Stunden kalt stellen.
3. Dill waschen, trocken schütteln und Fähnchen fein hacken. Matjes vor dem Servieren mit Dill und Pfeffer bestreuen. Die Matjes in Apfel-Sahne-Soße schmecken hervorragend mit Pellkartoffeln oder Schwarzbrot.

Rührei mit Nordseekrabben

Zubereitungszeit ca. 25 Min.

Zutaten für 2 Portionen

200 g küchenfertige Nordseekrabben, 1 kleine Zwiebel, 2 Frühlingszwiebeln, 2 Cherrytomaten, 6 Eier, Salz, frisch gemahlener Pfeffer, 2 EL Butter

1. Nordseekrabben waschen und über einem Sieb abtropfen lassen. Zwiebel schälen und fein hacken. Frühlingszwiebeln putzen, waschen und in dünne Röllchen schneiden. Tomaten waschen, halbieren, vom Stielansatz befreien und vierteln.
2. Eier in einer Schüssel mit Salz und Pfeffer verschlagen. Butter in einer Pfanne erhitzen und Zwiebel darin andünsten. Krabben zugeben und kurz mitbraten. Eiermischung darübergießen und stocken lassen.
3. Vorsichtig verrühren und mit Frühlingszwiebeln und Tomaten garniert servieren. Dazu schmeckt Vollkornbrot.

Labskaus mit Rollmops

Zubereitungszeit ca. 55 Min.

Zutaten für 4 Portionen

1 kg Kartoffeln, Salz, 370 g Rote-Bete-Scheiben (aus dem Glas), 370 g Gewürzgurken (aus dem Glas), 2 Zwiebeln, 2 EL Butterschmalz, 340 g Corned Beef, 200 ml Milch, frisch gemahlener Pfeffer, 4 Eier, 8 kleine Rollmöpse, etwas Petersilie für die Garnitur

1. Kartoffeln schälen und in ausreichend Salzwasser ca. 15–20 Minuten gar kochen. Rote Bete über einem Sieb abgießen und abtropfen lassen, dabei Flüssigkeit auffangen. Einige Scheiben für die Dekoration beiseitestellen. Restliche rote Bete fein würfeln. Gewürzgurken abtropfen lassen, einige davon für die Dekoration beiseitestellen. Restliche Gurken fein würfeln. Zwiebeln schälen und fein hacken.
2. 1 Esslöffel Schmalz in einer Pfanne erhitzen. Zwiebeln darin andünsten. Corned Beef zugeben, etwas zerdrücken und unter Rühren ca. 5 Minuten krümelig braten.
3. Milch in einem Topf erwärmen. Kartoffeln abgießen und in eine Rührschüssel geben. Warme Milch und 4 Esslöffel Rote-Bete-Saft zu den Kartoffeln geben und alles mit einem Kartoffelstampfer grob zerstampfen. Corned Beef und Zwiebeln unterheben. Mit Salz und Pfeffer abschmecken. Warm halten.
4. Restliches Schmalz in einer Pfanne erhitzen und Eier darin zu Spiegeleiern braten. Mit Salz und Pfeffer würzen. Labskaus mit Spiegeleiern, Rote-Bete-Scheiben, Gurken und Rollmöpsen auf Tellern anrichten. Mit Petersilie garnieren. Dazu schmecken Roggenbrot und trockener Weißwein oder Bier.

Rügener Klopfschinken

Zubereitungszeit ca. 1 Std. + 4 Std. Ruhezeit

Zutaten für 4 Portionen

4 daumendicke Scheiben Räucherschinken, 500 ml Milch, etwas frisch geriebener Muskat, 1 kg mehligkochende Kartoffeln, Salz, 500 g junge Möhren, 300 g Erbsen (TK-Produkt), 1 Bund Petersilie, 200 ml Buttermilch, 50 g Butter, 50 g Mehl, 2 Eier, frisch gemahlener Pfeffer, 3 EL Öl

1. Schinkenscheiben mit einem Plattiereisen flach klopfen. Milch in eine flache Schale geben, mit Muskat würzen und Schinkenscheiben darin ca. 4 Stunden ziehen lassen.
2. Kartoffeln schälen und in ausreichend Salzwasser ca. 15–20 Minuten gar kochen. Möhren schälen und in Scheiben schneiden. Wenig Salzwasser in einem Topf aufkochen, Möhren und Erbsen zugeben und zugedeckt ca. 8–10 Minuten garen.
3. Petersilie waschen, trocken schütteln und Blätter fein hacken. Kartoffeln über einem Sieb abgießen und abtropfen lassen und in eine Rührschüssel geben. Buttermilch und 20 Gramm Butter zufügen und Mischung mit einem Kartoffelstampfer zerstampfen. Kartoffelpüree mit Salz und Muskat abschmecken und warm halten.
4. Möhren und Erbsen über einem Sieb abgießen und abtropfen lassen. Die Hälfte der Petersilie unterrühren und Gemüse warm halten. Schinken aus der Marinade nehmen und abtropfen lassen. Mehl auf einen Teller sieben. In einem zweiten tiefen Teller Eier mit Pfeffer und Muskat verschlagen. Schinken erst in Mehl und dann in Ei wenden.
5. Öl in einer Pfanne erhitzen und Schinkenscheiben darin von beiden Seiten goldbraun braten. Schinken mit Kartoffelpüree und Gemüse anrichten. Mit restlicher Petersilie bestreuen. Restliche Butter in einer Pfanne schmelzen lassen und über das Gemüse geben.

Buchweizen-pfannkuchen

Zubereitungszeit ca. 35 Min. + 10 Min. Ruhezeit

Zutaten für 4 Portionen

2 Eier, 100 g Buchweizenmehl, 250 g Sahne, 100 g küchenfertige Nordseekrabben, 2 Matjesfilets, 100 g Räucherlachs, einige Stängel Dill, Butterschmalz, 150 g Crème fraîche, 40 g Forellenkaviar

1. Eier trennen. Buchweizenmehl in eine Schüssel geben und mit Sahne und Eigelben glatt rühren. Teig ca. 10 Minuten quellen lassen.
2. Nordseekrabben waschen und über einem Sieb abtropfen lassen. Matjesfilets unter kaltem Wasser waschen, trocken tupfen und in feine Streifen schneiden. Räucherlachs in Scheiben schneiden und zu kleinen Röllchen wickeln. Dill waschen, trocken schütteln und Fähnchen fein hacken.
3. Eiweiße steif schlagen und unter den Teig heben. Eine beschichtete Pfanne mit Butterschmalz ausstreichen und darin aus dem Teig zwölf kleine Pfannkuchen backen. Hierfür etwas Teig in die Pfanne geben und auf jeder Seite ca. 2–3 Minuten bei mittlerer Hitze goldgelb backen. Mit dem restlichen Teig ebenso verfahren. Pfannkuchen warm halten.
4. Buchweizenpfannkuchen auf vorgewärmte Teller geben. In die Mitte jedes Pfannkuchens einen Klecks Crème fraîche setzen und darauf jeweils Krabben, Matjes oder Lachs sowie etwas Forellenkaviar setzen. Mit Dill bestreut servieren.

Sprottencreme zu Schwarzbrot

Zubereitungszeit ca. 15 Min.

Zutaten für 4 Portionen

200 g Kieler Sprotten, 2 EL Sahne, 75 g Crème fraîche, 1 EL fein gehackter Dill, etwas edelsüßes Paprikapulver, etwas Cayennepfeffer, etwas Petersilie und Zitronenschnitze für die Garnitur

1. Von den Kieler Sprotten Köpfe abtrennen und Schwanz mit der Hauptgräte vorsichtig herausziehen. Sprotten in einen Standmixer geben und mit Sahne und Crème fraîche pürieren.
2. Dill mit Sprottencreme vermischen und mit Paprikapulver und Cayennepfeffer abschmecken. Mit Petersilie garnieren und mit Zitronenschnitzen servieren.

Die Sprottencreme passt hervorragend als Aufstrich zu Schwarzbrot.

Wer möchte, kann die Creme noch mit etwas gewürfelter eingelegter Roter Bete verfeinern. Sprotten sind die bekannteste Kieler Delikatesse. Die kleinen geräucherten Fische werden traditionell in flachen Holzkisten verpackt. Sie schmecken auch sehr gut zu Rührei und gebuttertem Vollkornbrot.

Kartoffelpuffer mit Lachs

Zubereitungszeit ca. 35 Min.

Zutaten für 2 Portionen

500 g Kartoffeln, 1 Ei, 1 EL Vollkornmehl, Salz, frisch gemahlener Pfeffer, etwas Öl zum Braten, 100 g gebeizter Lachs, 1 Frühlingszwiebel, 50 g Ziegenfrischkäse

1. Kartoffeln schälen und mit einer Kartoffelreibe grob raspeln. Mit Ei und Mehl mischen und mit Salz und Pfeffer würzen.
2. Öl in einer Pfanne erhitzen, Kartoffelteig in kleinen Portionen hineingeben und leicht flach drücken. Aus dem Teig kleine Puffer goldgelb ausbraten.
3. Kartoffelpuffer auf Küchenpapier abtropfen lassen und warm halten. Lachs in kleine Würfel schneiden. Frühlingszwiebel putzen, waschen und in dünne Röllchen schneiden.
4. Kartoffelpuffer mit Lachswürfeln belegen und mit Frühlingszwiebel und Ziegenfrischkäse garniert auf Tellern anrichten und servieren.

Dazu passt ein leckerer Joghurtdip. Hierzu einen Becher Vollmilchjoghurt mit Salz, Pfeffer und 1 Prise Zucker abschmecken und mit etwas Dill oder Schnittlauch verrühren.

10 FRISCHE
GROßE EIER

Neuigkeit!
Kräutersalz

Hofläden und Märkte

Fast jeder größere Hof an der Nord- und Ostseeküste besitzt einen eigenen Hofladen, in dem man häufig auch sonntags einkaufen kann. Kleinere Betriebe und Privatpersonen bieten ihren Überschuss oft am Straßenrand an. Wochenmärkte sind ebenfalls eine gute Anlaufstelle für all diejenigen, die saisonal frische Produkte aus der Küstenregion kaufen wollen.

Bremer gebratener Stint

Zubereitungszeit ca. 30 Min.

Zutaten für 4 Portionen

24 große Stinte, Salz, frisch gemahlener Pfeffer, 150 g Roggenmehl, etwas Öl zum Braten, gemischte Kräuter und Zitronenschnitze für die Garnitur

1. Stinte ausnehmen und Kopf abtrennen. Waschen und trocken tupfen. Stinte mit Salz und Pfeffer würzen. In Mehl wenden, überschüssiges Mehl abschütteln.
2. Öl in einer großen Pfanne erhitzen und Stinte darin von beiden Seiten bei mittlerer Hitze knusprig braten. Mit gewaschenen, trocken geschüttelten Kräutern und Zitronenschnitzen servieren. Dazu passen geröstetes Baguette und Mayonnaise.

Zum gleichmäßigen Mehlieren Roggenmehl in einen Gefrierbeutel geben, gewürzte Stinte zufügen und vorsichtig schütteln. Als Beilage gibt es traditionell warmen Kartoffelsalat mit Speck oder Bratkartoffeln.

Grüner Aal in Dillsoße

Zubereitungszeit ca. 50 Min.

Zutaten für 4 Portionen

1 kg küchenfertiger Aal und 100 g geräucherter Aal, 125 ml Weißweinessig, 250 ml trockener Weißwein, 250 ml Fischsud, Salz, 1 TL weiße Pfefferkörner, 2 Lorbeerblätter, 40 g Butter, 40 g Mehl, 2 Bund Dill, etwas Zitronensaft, 2 Eigelb

1. Aal gründlich waschen, in ca. 5 Zentimeter lange Stücke schneiden und in eine Schüssel geben. Essig in einem Topf aufkochen und über den Aal gießen.
2. Weißwein und Fischsud in einen Topf geben, etwas Salz, Pfefferkörner und Lorbeerblätter zufügen und alles aufkochen lassen. Aal über einem Sieb abgießen, abtropfen lassen und in den Sud legen. Ca. 15 Minuten bei geringer Hitze garen. Aalstücke mit einem Schaumlöffel aus der Fischbrühe nehmen und warm stellen.
3. Fischbrühe durch ein feines Sieb passieren. Butter in einem Topf schmelzen lassen und Mehl darin hellgelb anschwitzen. Mit Fischbrühe aufgießen und kurz aufkochen lassen. Aalstücke hineingeben, in der Soße erhitzen, herausnehmen und warm stellen.
4. Dill waschen, trocken schütteln und Fähnchen fein hacken. Etwas Dill zum Garnieren beiseitestellen. Restlichen Dill in die Soße geben und mit Salz und Zitronensaft abschmecken. Etwa 5 Esslöffel Soße abnehmen und mit Eigelben verrühren. Soße mit der Eigelbmischung binden und Topf vom Herd nehmen. Warm stellen (nicht mehr kochen lassen!).
5. Vom Räucheraal Haut und Gräten entfernen. Räucheraal fein zerpflücken. Aalstücke auf vier Tellern anrichten und mit Soße beträufeln. Räucheraal darübergeben und mit Dill bestreuen. Dazu schmecken Salzkartoffeln.

Speckendicken

Zubereitungszeit ca. 35 Min. + 12 Std. Ruhezeit

Zutaten für ca. 6 Portionen

500 ml Milch, 125 g Zuckerrübensirup, 100 g Zucker, 125 g Schmalz und etwas Schmalz zum Braten, 500 g Roggenmehl, 250 g Weizenschrotmehl, ½ Pck. Backpulver, 1 Pck. Kardamom, 1 Pck. Anis, 3 Eier, 1 Prise Salz, 3 luftgetrocknete Mettwürste, 250 g durchwachsener Speck

1. Milch in einem Topf erwärmen. Sirup, Zucker und Schmalz zufügen und alles verrühren. Beide Mehlsorten, Backpulver, Kardamom, Anis, Eier und Salz zugeben und alles zu einem dickflüssigen Teig verrühren. Über Nacht im Kühlschrank ruhen lassen.
2. Wurst in Scheiben, Speck in Streifen schneiden. Schmalz in einer Pfanne erhitzen. Pro Portion 2–3 Mettwurstscheiben und 2–3 Speckstreifen in die Pfanne geben, kurz anbraten und darauf etwas Teig geben, sodass ein etwa handtellergroßer Pfannkuchen entsteht. Auf den Teig noch einige Mettwurstscheiben und Speckstreifen legen.
3. Unterseite goldbraun braten, wenden und die andere Seite ebenfalls goldbraun braten. Speckendicken warm servieren.

Hamburger Fischbrötchen

Zubereitungszeit ca. 25 Min.

Zutaten für 4 Portionen

2 Eier (hart gekocht) und 2 Eigelb, Salz, 2 TL mittelscharfer Senf, 150 ml Sonnenblumenöl, 1 EL Crème fraîche, 100 g eingelegte Gurken, 1 EL Gurkensud und einige Gurkenscheiben für die Garnitur, 2 EL Kapern, 2 EL edelsüßes Paprikapulver, ½ Bund Petersilie, ½ Bund Schnittlauch, frisch gemahlener Pfeffer, 2 Zwiebeln, 4 Bismarckheringe, 4 Brötchen

1. Eier schälen und fein würfeln. Eigelbe mit 1 Prise Salz und Senf verrühren. Ca. 50 Milliliter Öl tropfenweise unter ständigem Rühren mit einem Schneebesen zugeben. Restliches Öl in einem dünnen Strahl zugeben und zügig unterrühren. Crème fraîche untermischen.
2. Gurken und Kapern fein hacken. Gurken, Kapern und Eier mit Gurkensud und Paprikapulver unter die Mayonnaise rühren. Kräuter waschen und trocken schütteln. Petersilienblättchen fein hacken und Schnittlauch in feine Röllchen schneiden. Kräuter mit der Remoulade mischen und alles mit Salz und Pfeffer abschmecken.
3. Zwiebeln schälen und grob würfeln. Bismarckheringe in mundgerechte Stücke schneiden. Brötchen aufschneiden, aber nicht ganz durchschneiden. Mit Gurkenscheiben, Bismarckheringen und Zwiebeln belegen. Remoulade dazu reichen.

Fisch-frikadellen

Zubereitungszeit ca. 30 Min.

Zutaten für 4 Portionen

½ Bund Petersilie, einige Stängel Dill, 1 Zwiebel, etwas Öl zum Braten, 500 g Fischfilet (z. B. Kabeljau, Dorsch), 2 Eier, 80 g Paniermehl, Salz, frisch gemahlener Pfeffer, etwas frisch geriebener Muskat

1. Kräuter waschen, trocken schütteln und Blättchen bzw. Fähnchen fein hacken. Etwas Dill für die Garnitur beiseitestellen. Zwiebel schälen und fein hacken. Etwas Öl in einer Pfanne erhitzen und Zwiebel darin andünsten, Petersilie und Dill untermischen. Abkühlen lassen.
2. Fischfilet durch den Fleischwolf drehen oder in der Küchenmaschine fein pürieren. In eine Schüssel geben und mit Eiern, Paniermehl, Zwiebel, Kräutern und Gewürzen vermischen. Aus der Masse Frikadellen formen. Kurz kühl stellen.
3. Etwas Öl in einer Pfanne erhitzen und Fischfrikadellen darin von jeder Seite ca. 4–5 Minuten goldbraun braten. Vor dem Servieren mit restlichem Dill bestreuen.

Die Fischfrikadellen schmecken köstlich auf Brötchen mit Remoulade oder zu einem herzhaften Kartoffelsalat. Knuspriger werden sie, wenn man sie vor dem Braten in etwas Paniermehl wendet.

Strammer Max

Zubereitungszeit ca. 15 Min.

Zutaten für 1 Portion

2 Scheiben Bauernbrot, 30 g Butter, 80 g roher Schinken in Scheiben, 2 Eier, Salz, frisch gemahlener Pfeffer, 1 Gewürzgurke, 1 TL fein gehackte Petersilie

1. Brotscheiben mit etwas Butter bestreichen und mit Schinkenscheiben belegen. Restliche Butter in einer Pfanne erhitzen und Eier darin zu Spiegeleiern braten.
2. Belegte Schinkenbrote auf einem Teller anrichten, Spiegeleier daraufsetzen und mit etwas Salz und Pfeffer bestreuen.
3. Gewürzgurke längs in Scheiben schneiden. Brote mit Petersilie bestreuen und mit den Gurkenscheiben servieren.

Traditionell verwendet man für das Gericht einen guten Katenschinken. Es gibt aber auch Varianten mit Leberkäse und Röstzwiebeln oder Salami und Käse. Dazu passt ein Salat. Wer es noch etwas nahrhafter mag, serviert dazu Bratkartoffeln.

72

Ost- und Nordseeinseln

Jede einzelne der Inseln von Nord- und Ostsee ist eine kleine Welt für sich. So abwechslungsreich wie ihre jeweilige Umgebung sind auch die dortigen kulinarischen Landschaften. Ob Sylter Matjes, Usedomer Aal in Dillsoße, Rügener Klopfschinken, Helgoländer Knieper oder Fehmarner Kröpel – jede Insel hat ihre eigenen Rezepte und Spezialitäten.

HAUPT-
GERICHTE

Gebratene grüne Heringe

Zubereitungszeit ca. 20 Min. + 4–5 Std. Marinierzeit

Zutaten für 4 Portionen

4 mittelgroße Heringe (ausgenommen und geschuppt), Saft von 2 unbehandelten Zitronen, Salz, frisch gemahlener Pfeffer, 3–4 EL Mehl, 4 EL Öl, gemischte Kräuter für die Garnitur

1. Heringe gründlich unter fließendem kaltem Wasser abspülen und mit Küchenpapier trocken tupfen. Heringe aufklappen und sichtbare Gräten entfernten. In eine Schüssel legen und mehrere Stunden im Zitronensaft marinieren. Kühl stellen.
2. Heringe abtropfen lassen, trocken tupfen und innen und außen mit Salz und Pfeffer würzen. Mehl auf einen Teller geben. Heringe im Mehl wenden, überschüssiges Mehl abschütteln.
3. Öl in einer Pfanne erhitzen und Heringe darin auf beiden Seiten knusprig braun braten. Heringe mit gewaschenen, trocken geschüttelten Kräutern bestreut servieren.

Dazu passen Ofen- oder Bratkartoffeln und Senfsoße. Für die Senfsoße 8–10 Esslöffel Sahne mit 3 Esslöffeln mittelscharfem Senf verrühren und mit Salz und 1 Prise Zucker abschmecken.

Finkenwerder Speckscholle

Zubereitungszeit ca. 40 Min.

Zutaten für 4 Portionen

1 unbehandelte Zitrone, 4 küchenfertige Schollen mit Haut (à ca. 300 g), 6 EL Mehl, Salz, frisch gemahlener Pfeffer, 150 g Räucherspeck, 2 EL Butter

1. Backofen auf 70 °C (Umluft: 50 °C) vorheizen. Teller darin vorwärmen. Zitrone waschen und halbieren. Schollen gründlich unter fließendem kalten Wasser abspülen und mit Küchenpapier trocken tupfen. Auf der dunklen Hautseite mit einem scharfen Messer zwei-bis dreimal leicht einritzen. Schollen mit etwas Zitronensaft beträufeln.
2. Mehl auf einen Teller geben. Schollen auf beiden Seiten mit Salz und Pfeffer würzen. Im Mehl wenden, überschüssiges Mehl abschütteln. Räucherspeck in Streifen schneiden und in einer Pfanne ohne Fettzugabe knusprig braten. Herausnehmen und auf Küchenpapier abtropfen lassen.
3. Schollen im Speckfett ca. 4 Minuten auf der dunklen Hautseite braten, wenden und ca. 3 Minuten auf der hellen Hautseite braten. Im vorgeheizten Backofen warm halten.
4. Butter in einer Pfanne schmelzen lassen und Speckstreifen darin erwärmen. Restliche Zitrone in Scheiben schneiden.
5. Schollen auf vorgewärmten Tellern anrichten und Speckstreifen mit etwas flüssiger Butter darauf verteilen. Mit Zitronenscheiben garnieren. Dazu passen Bratkartoffeln, ein pikanter Kartoffelsalat oder Salzkartoffeln und ein grüner Salat.

Hamburger Backfisch

Zubereitungszeit ca. 30 Min. + 15 Min. Ruhezeit

Zutaten für 6 Portionen

1,2 kg Fischfilet (z. B. Dorade, Heilbutt, Rotbarsch, Zander, Seeteufel, Seezunge), Salz, frisch gemahlener Pfeffer, 2 EL Zitronensaft, 2 Eier, 150 g Mehl, 1 TL Lebkuchengewürz, 200 ml Bier, 500 g Öl oder Butterschmalz

1. Fischfilet in sechs Portionen teilen und gründlich unter fließendem kaltem Wasser abspülen. Mit Küchenpapier trocken tupfen. Mit Salz und Pfeffer würzen und mit Zitronensaft beträufeln. Kühl stellen und ca. 10 Minuten ruhen lassen.
2. Eier trennen. Eigelbe mit 100 Gramm Mehl, Lebkuchengewürz, Bier und etwas Salz zu einem glatten Teig verrühren. Ca. 5 Minuten ruhen lassen. Eiweiße steif schlagen und vorsichtig unter den Bierteig heben.
3. Fett in einem Frittiertopf oder in der Fritteuse erhitzen. Restliches Mehl auf einen Teller geben. Fischfilets im Mehl wenden, überschüssiges Mehl abschütteln. Fischfilets durch den Bierteig ziehen und kurz abtropfen lassen. Im heißen Fett von allen Seiten goldgelb frittieren. Backfisch kurz auf Küchenpapier abtropfen lassen und sofort servieren. Dazu schmeckt Kartoffelsalat.

Schellfisch in Senfsoße

Zubereitungszeit ca. 35 Min.

Zutaten für 6 Portionen

1 kg Schellfischfilet, 2 EL Zitronensaft und einige Zitronenspalten für die Garnitur, 1 Zwiebel, 15 g Butter, 1 Lorbeerblatt, 150 ml trockener Weißwein, 250 g Sahne, 2 EL Dijonsenf, Salz, frisch gemahlener weißer Pfeffer

1. Fischfilet gründlich unter fließendem kaltem Wasser abspülen und mit Küchenpapier trocken tupfen. Mit Zitronensaft beträufeln und kühl stellen.
2. Zwiebel schälen und fein hacken. Butter in einer großen Pfanne erhitzen und Zwiebel darin andünsten. Lorbeerblatt und Wein zufügen. Fischfilet in die Pfanne legen und zugedeckt bei geringer Hitze ca. 10 Minuten köcheln lassen. Aus der Pfanne nehmen und warm stellen.
3. Sahne und Senf einrühren und alles kurz aufkochen lassen. Lorbeerblatt herausnehmen und Soße bei geringer Hitze etwas eindicken lassen. Mit Salz und Pfeffer abschmecken.
4. Fisch wieder in die Pfanne geben und bei geringer Hitze erwärmen (nicht kochen lassen!). Schellfisch in Senfsoße auf vorgewärmten Tellern servieren.

Dithmarscher Mehlbeutel

Zubereitungszeit ca. 2 Std. und 25 Min. + 13 Std. Einweich- und Ruhezeit

Zutaten für 4 Portionen

250 g gemischte Trockenfrüchte, 4 Eier, 500 g Mehl und etwas Mehl zum Bestäuben, 300 ml Milch, 150 g Butter, 1 TL Salz, etwas abgeriebene Schale von 1 unbehandelten Zitrone, 375 g geräucherter Schweinebauch, 4 Mettenden, etwas Zitronenaroma, etwas Vanillezucker, Speisestärke

1. Trockenfrüchte über Nacht in Wasser einweichen. Eier trennen. Eigelbe mit Mehl, Milch, Butter, Salz und Zitronenschale in einer Schüssel zu einem Teig verrühren. Eiweiße steif schlagen und unterheben. Teig ca. 1 Stunde ruhen lassen.
2. Ein großes Leinentuch anfeuchten und mit etwas Mehl bestäuben. Teig darin einwickeln und das Tuch oben verknoten.
3. Reichlich Wasser in einem großen Topf zum Kochen bringen und Schweinebauch hineingeben. Leinentuch unter dem Knoten auf einen Kochlöffel schieben und in den Topf hängen. Halb zugedeckt ca. 2 Stunden kochen lassen. Bei Bedarf ab und zu kochendes Wasser nachgießen. Ca. 15 Minuten vor Ende der Kochzeit Mettenden mit in den Topf geben.
4. Trockenfrüchte mit dem Einweichwasser und etwas Zitronenaroma und Vanillezucker in einem Topf zum Kochen bringen. Bei geringer Hitze ca. 20 Minuten kochen. Einen Teil der Trockenfrüchte herausnehmen und mit wenig Wasser pürieren. Wieder in den Topf geben und nochmals ca. 10 Minuten köcheln lassen. Speisestärke mit etwas Wasser glatt rühren und Fruchtsoße damit binden.
5. Mehlbeutel herausnehmen, kurz ausdampfen lassen und vorsichtig aus dem Tuch wickeln. Schweinebauch und Mettenden herausnehmen und in Scheiben schneiden.
6. Mehlbeutel mit Schweinebauch und Mettenden auf einer Platte servieren. Trockenfrüchte in einem Schälchen dazu reichen.

Ostfriesischer Snirtjebraten

Zubereitungszeit ca. 2 Std. und 30 Min.

Zutaten für 4 Portionen

1 kg Schweinenacken, 1 EL Senf, 5–6 Zwiebeln, Butterschmalz, Salz, frisch gemahlener Pfeffer, 1 EL Tomatenmark, 1,2 l Gemüsebrühe, 400 ml Rotwein, 6 Wacholderbeeren, 2 Lorbeerblätter, 1 EL Speisestärke, 50 g Sahne

1. Fleisch in ca. 7–10 Zentimeter gleich große Stücke schneiden. Mit Senf einreiben. Zwiebeln schälen und grob vierteln.
2. Etwas Butterschmalz in einem Bräter erhitzen und Fleisch darin von allen Seiten ca. 5 Minuten anbraten. Zwiebeln zugeben und ca. 5 Minuten mitbraten. Fleisch gelegentlich wenden. Mit Salz und Pfeffer würzen.
3. Tomatenmark zugeben, alles verrühren und kurz anrösten. Mit Brühe und Rotwein ablöschen. Wacholderbeeren mit dem Messerrücken etwas zerstoßen und mit Lorbeerblättern zum Fleisch geben. Bei geringer Hitze zugedeckt ca. 2 Stunden gar schmoren lassen, gelegentlich umrühren.
4. Fleisch herausnehmen und warm stellen. Soße durch ein Sieb passieren und mit Speisestärke und Sahne binden. Mit Salz und Pfeffer würzig abschmecken. Der Snirtjebraten wird traditionell mit Salzkartoffeln und Rotkohl serviert.

Salzwiesenlamm

Eine besondere Delikatesse ist das friesische Salzwiesenlamm. Die Wiesen der Küstendeiche bieten Schafen und Lämmern gute Weideflächen, auf denen sie würzige Salzwiesengräser und die Kräuter der immer wieder von Meerwasser überspülten Flächen fressen. Das Lammfleisch zeichnet sich durch einen entsprechend zart-würzigen und leicht salzigen Geschmack aus.

Ostfriesisches Salzwiesenlamm

Zubereitungszeit ca. 4 Std. und 10 Min.

Zutaten für 4 Portionen

1 kg Lammkeule, Salz, frisch gemahlener Pfeffer, 1 EL Honig, 1 EL Dijonsenf, 2–3 Knoblauchzehen, ½ rote Chilischote, 1 grüne Chilischote, 1 Zweig Rosmarin, 1 EL Olivenöl

1. Backofen auf 200 °C (Umluft: 180 °C) vorheizen. Fettschicht der Lammkeule mit einem scharfen Messer kreuzweise einschneiden und Lammkeule mit Salz und Pfeffer würzen. Honig mit Senf vermischen und Lammkeule von allen Seiten damit einstreichen.
2. Knoblauch schälen. Chilischoten waschen und entkernen. Rosmarin waschen und trocken schütteln. Knoblauch, Chilischoten und Rosmarin in einen Bräter legen und mit Olivenöl beträufeln. Lammkeule darauflegen. Bräter zugedeckt in den vorgeheizten Backofen stellen und Lammkeule ca. 30 Minuten garen.
3. Temperatur auf 100 °C (Umluft: 80 °C) verringern und Lammkeule weitere ca. 3 ½ Stunden garen. Dazu passen Pellkartoffeln und Mischgemüse.

Zwar kann man für das Rezept jede Art von Lammkeule verwenden, wer jedoch die Möglichkeit hat, sollte ein echtes nordfriesisches Salzwiesenlamm probieren. Es hat einen von Natur aus leicht salzigen, würzigen Geschmack.

Holsteiner Sauerfleisch

Zubereitungszeit ca. 2 Std. und 50 Min. + 24 Std. Kühlzeit

Zutaten für 4 Portionen

2 kg durchwachsener Schweinenacken (ohne Knochen), Salz, 2 Zwiebeln, 125 ml Kräuteressig, 125 ml Weißweinessig, 1 EL Essigextrakt, 1 TL Senfkörner, 1 TL Piment, 5 Nelken, 1 TL Wacholderbeeren, 1 EL weiße Pfefferkörner, 2 Lorbeerblätter, 2 EL Zucker, 4 Gewürzgurken, 4–5 Pck. Expressgelatine

1. Fleisch etwas anfrosten und in dünne Scheiben schneiden. In eine Schüssel legen, mit reichlich Salz einreiben und etwas ziehen lassen.
2. Zwiebeln schälen und fein hacken. In einen Bräter geben und 1 ½ Liter Wasser, Essig, Essigextrakt, Gewürze und Zucker zufügen. Aufkochen lassen und abschmecken. Der Essiggeschmack sollte im Vordergrund stehen, die Süße muss dennoch leicht durchkommen. Bei Bedarf noch etwas Zucker zufügen. Fleisch zugeben und bei geringer Hitze ca. 1 ½–2 Stunden gar köcheln lassen.
3. Fleisch herausnehmen, Sud durch ein Sieb passieren. Fleisch klein schneiden und in eine flache Auflaufform geben. Gewürzgurken klein schneiden und zufügen. Gelatine nach Packungsanweisung zubereiten und unter den Sud rühren. Sud über das Fleisch gießen und abkühlen lassen.
4. Ca. 24 Stunden im Kühlschrank fest werden lassen und vor dem Servieren in Stücke schneiden. Zum Holsteiner Sauerfleisch schmecken Bratkartoffeln oder frisches Schwarzbrot. Senf oder Remoulade dazu reichen.

Snuten un Poten

Zubereitungszeit ca. 2 Std. und 15 Min.

Zutaten für 4 Portionen

1 kg gepökeltes Schweinefleisch (Schnauzen und Pfoten), 2 Zwiebeln, 1 TL Wacholderbeeren, 1 TL Pfefferkörner, 2 Lorbeerblätter, 600 g mildes Sauerkraut, 200 ml trockener Weißwein, Salz, frisch gemahlener Pfeffer, 500 g mehligkochende Kartoffeln, 500 ml Gemüsebrühe, 500 g Erbsen, 100 g Sahne, 20 g Butter

1. Ca. 2 Liter Wasser in einem Topf aufkochen lassen. Fleisch gründlich waschen und trocken tupfen. Zwiebeln schälen und grob würfeln. Fleisch in den Topf legen. Zwiebeln, Wacholderbeeren, Pfefferkörner und 1 Lorbeerblatt zufügen. Halb zugedeckt ca. 2 Stunden bei geringer Hitze köcheln lassen. Bei Bedarf noch etwas Wasser zugeben. Fleisch aus der Brühe nehmen und auslösen.
2. Sauerkraut über einem Sieb gut abtropfen lassen. In einen Topf geben, restliches Lorbeerblatt und Weißwein zufügen. Aufkochen lassen. Fleisch zufügen und alles ca. 30 Minuten schmoren lassen. Mit Salz und Pfeffer abschmecken.
3. Kartoffeln schälen und würfeln. Gemüsebrühe in einen Topf geben und Kartoffeln ca. 15 Minuten darin kochen. Erbsen zugeben und weitere ca. 10 Minuten garen. Kartoffeln und Erbsen über einem Sieb abgießen, dabei etwas Brühe auffangen. Kartoffeln und Erbsen mit etwas Brühe, Sahne und Butter zu einem Püree zerstampfen. Mit Salz abschmecken. Schweinefleisch mit Sauerkraut und Püree servieren.

Stubenküken mit Gemüse

Zubereitungszeit ca. 1 Std. und 15 Min.

Zutaten für 4 Portionen

300 g kleine Champignons, 2 mittelgroße Zwiebeln, 4 küchenfertige Stubenküken, Salz, frisch gemahlener Pfeffer, 50 g Butterschmalz, 500 ml klare Hühnerbouillon, 500 g weißer Spargel, 500 g Bund junge Möhren, 500 g Blumenkohl, 50 ml Milch, 200 g Erbsen (TK-Produkt), einige Stängel Kerbel, 50 g Butter

1. Champignons putzen. Zwiebeln schälen unad grob würfeln. Stubenküken innen und außen waschen und mit Küchenpapier trocken tupfen. Innen und außen mit Salz und Pfeffer würzen. Flügel und Keulen mit Küchengarn zusammenbinden.
2. Backofen auf 200 °C (Umluft: 180 °C) vorheizen. Butterschmalz in einem Bräter erhitzen. Stubenküken darin ca. 10 Minuten von allen Seiten anbraten. Herausnehmen und beiseitestellen. Bouillon in einem Topf erhitzen. Champignons und Zwiebeln ins Bratfett geben und kurz anrösten. Salzen und pfeffern. Küken wieder in den Bräter geben und mit Hühnerbouillon aufgießen. Kurz aufkochen lassen.
3. Bräter in den vorgeheizten Backofen stellen und Küken zugedeckt ca. 40 Minuten schmoren. Holzige Enden vom Spargel abschneiden, Spargel schälen und waschen. Möhren schälen. Blumenkohl waschen und in Röschen teilen.
4. Spargel in einem Topf mit kochendem Salzwasser ca. 15 Minuten garen. Nach ca. 5 Minuten Möhren zugeben. In einem Topf Blumenkohl mit wenig kochendem Salzwasser und Milch ca. 10 Minuten kochen. Erbsen in einem Topf mit ca. 125 Millilitern kochendem Salzwasser ca. 4–5 Minuten garen. Kerbel waschen, trocken schütteln und fein hacken. Gemüse über einem Sieb abgießen und abtropfen lassen.
5. Stubenküken aus dem Bräter nehmen und mit Gemüse anrichten. Butter in einem Topf aufschäumen und Kerbel zugeben. Gemüse mit Kerbelbutter beträufeln. Schmorsoße extra dazu reichen. Dazu schmecken neue Kartoffeln.

Mecklenburger Pflaumenbraten

Zubereitungszeit ca. 1 Std. und 45 Min.

Zutaten für 4 Portionen

500 g ausgelöster Schweinerücken, 100 g entsteinte Trockenpflaumen, 100 g ungebrühte Kalbsbratwurst, Salz, frisch gemahlener Pfeffer, 250 g Suppengrün, 2 EL Butterschmalz, 400 ml Gemüsefond, 400 g Rosenkohl, 400 g Kartoffeln, 40 g geräucherter durchwachsener Speck, 250 ml Gemüsebrühe, 1 Prise Kümmel, 1 Prise Majoran, 1 EL Butter, etwas frisch geriebener Muskat, einige Gurkenscheiben für die Garnitur

1. Backofen auf 200 °C (Umluft: 180 °C) vorheizen. Fleisch waschen, trocken tupfen und eine tiefe Tasche hineinschneiden. Trockenpflaumen fein hacken. Bratwurstbrät aus der Pelle drücken und mit Trockenpflaumen vermischen. Mit Salz und Pfeffer würzen und Fleisch damit füllen. Mit Holzstäbchen fixieren.
2. Suppengrün schälen bzw. waschen und klein schneiden. 1 Esslöffel Butterschmalz in einem Bräter erhitzen und Fleisch darin bei starker Hitze anbraten. Suppengrün zufügen und kurz mit anrösten. Mit Gemüsefond ablöschen. Pflaumenbraten zugedeckt im vorgeheizten Backofen ca. 45 Minuten garen.
3. Rosenkohl waschen und in kochendem Salzwasser ca. 15 Minuten garen. Kartoffeln schälen und in Scheiben schneiden. Restliches Schmalz in einer Pfanne erhitzen und Kartoffeln darin anbraten. Speck würfeln und zufügen. Mit Gemüsebrühe aufgießen und ca. 8 Minuten garen lassen. Mit Salz, Pfeffer, Kümmel und Majoran abschmecken.
4. Braten herausnehmen. Soße durch ein Sieb passieren. Butter in einem Topf schmelzen lassen. Über den Rosenkohl gießen und mit etwas Muskat verfeinern. Pflaumenbraten in Scheiben schneiden und mit Soße, Kartoffeln, Rosenkohl und Gurkenscheiben servieren.

Holsteiner Grünkohl mit Pinkel

Zubereitungszeit ca. 1 Std. und 50 Min.

Zutaten für 6 Portionen

3 kg Grünkohl, Salz, 2 Zwiebeln, 250 g Schmalz, 600 g magerer Schweinebauch, 600 g Kasseler, 6 Pinkelwürste, 1 kg kleine festkochende Kartoffeln

1. Grünkohlblätter von den Stielen zupfen, waschen und in reichlich kochendem Salzwasser ca. 3 Minuten sprudelnd kochen lassen. Über einem Sieb abgießen und kalt abschrecken. Grünkohl gründlich ausdrücken und grob hacken. Zwiebeln schälen und fein hacken.
2. Schmalz in einem großen, breiten Topf erhitzen und Zwiebeln darin andünsten. Grünkohl zugeben und mit Salz würzen. Ca. 1 Liter Wasser zufügen. Schweinebauch und Kasseler auf den Grünkohl legen. Zugedeckt ca. 1 ½ Stunden schmoren lassen. Ca. 30 Minuten vor Ende der Garzeit Pinkelwürste zugeben und darin gar ziehen lassen.
3. Kartoffeln schälen und in ausreichend Salzwasser ca. 20 Minuten garen. Über einem Sieb abgießen, abtropfen lassen und nach Belieben mit Salz würzen. Fleisch in Scheiben schneiden und mit Grünkohl, Pinkelwürsten und Kartoffeln servieren.

Zu Holsteiner Grünkohl mit Pinkel passt am besten Pils. Aufgewärmt gewinnt Grünkohl an Geschmack.

Kohlpudding mit Tomatensoße

Zubereitungszeit ca. 1 Std. und 45 Min.

Zutaten für 4 Portionen

1 kg Weißkohl, Salz, 1 große Zwiebel, 500 g Hackfleisch, 1 Ei, etwas Paniermehl, frisch gemahlener Pfeffer, etwas frisch geriebener Muskat, etwas Fett für die Form, 100 ml passierte Tomaten, 100 g Sahne, nach Belieben etwas grob zerbröckelter Schafskäse und etwas Petersilie für die Garnitur

1. Vom Kohl acht große Blätter abnehmen. Waschen und in kochendem Salzwasser blanchieren. Restlichen Weißkohl vierteln, Strunk entfernen und Weißkohl in feine Streifen schneiden. Waschen und ebenfalls in kochendem Salzwasser blanchieren. Backofen auf 180 °C (Umluft: 160 °C) vorheizen.
2. Zwiebel schälen und fein hacken. Hackfleisch in eine Schüssel geben und mit Zwiebel, Ei und Paniermehl verkneten. Mit Salz, Pfeffer und Muskat würzen. Eine runde Auflaufform einfetten. Zwei Kohlblätter beiseitelegen. Auflaufform mit restlichen Kohlblättern auslegen. Hackfleischmischung und in Streifen geschnittenen Kohl schichtweise in die Form geben. Mit beiseitegelegten Kohlblättern abdecken und im vorgeheizten Backofen ca. 1 Stunde garen.
3. Tomaten und Sahne zu einer Soße verrühren. In einem kleinen Topf bei geringer Hitze erwärmen und vor dem Servieren auf dem Kohlpudding verteilen. Nach Belieben mit Schafskäse und gewaschener, trocken geschüttelter Petersilie garnieren. Dazu schmecken Salzkartoffeln oder Knäckebrot.

Der „Original"-Kohlpudding wird in einer Puddingform im Wasserbad gekocht. Die Tomatensoße wird separat dazu gereicht.

Bremer Kartoffelauflauf

Zubereitungszeit ca. 1 Std. und 10 Min.

Zutaten für 4 Portionen

800 g Kartoffeln, Salz, 2 Zwiebeln, 250 ml Gemüsebrühe, 40 g Butter und etwas Fett für die Form, 40 g Mehl, 250 ml Milch, etwas frisch geriebener Muskat, 1 Zweig Rosmarin

1. Kartoffeln in ausreichend Salzwasser ca. 20–30 Minuten gar kochen. Wasser abgießen und Kartoffeln etwas abkühlen lassen. Pellen und in Scheiben schneiden. Backofen auf 225 °C (Umluft: 205 °C) vorheizen.
2. Zwiebeln schälen und fein hacken. Gemüsebrühe in einem Topf erhitzen. Butter in einem weiteren Topf erhitzen und Zwiebeln darin andünsten. Mehl einrühren und anschwitzen. Gemüsebrühe nach und nach zufügen und alles glatt rühren. Milch zugießen und alles ca. 5 Minuten köcheln lassen. Soße mit Salz und Muskat abschmecken. Kartoffeln mit der Soße vermischen.
3. Eine Auflaufform einfetten und Kartoffeln mit der Soße hineinfüllen. Rosmarin waschen, trocken schütteln und darauflegen. Auflauf im vorgeheizten Backofen ca. 10 Minuten goldbraun garen. Zum Kartoffelauflauf schmecken gedünsteter Fisch und Gurkensalat.

HANSENS BRAUEREI
FLENSBURGS ERSTE GASTHAUSBRAUEREI
HANSENS PILSENER
natürlich

Schüttinger
ERSTE BREMER GASTHAUSBRAUEREI

BECK'S

Biere des Nordens

Schon zur Zeit der Hanse erlangten Städte wie Hamburg und Bremen durch den Bierexport großen Reichtum. Auch heute noch gibt es an der Küste neben großen Brauereien und Marken wie Holsten, Astra, Jever oder Becks auch viele Gasthaus- und Kleinbrauereien sowie Kneipen und Biergärten, in denen man das herbe Küstenbier genießen kann.

DESSERTS UND BACKEN

Hamburger Quetschmadam

Zubereitungszeit ca. 45 Min.

Zutaten für 4 Portionen

500 g Birnen, 3 EL Zucker, Saft und abgeriebene Schale von 1 unbehandelten Zitrone, 500 ml Milch, 1 Zimtstange und etwas Zimt zum Bestäuben, 150 g Milchreis, 200 ml Erdbeersaft, 1 EL Puddingpulver Vanillegeschmack, 1–2 TL Honig, nach Belieben etwas Naturjoghurt

1. Birnen schälen und Kerngehäuse entfernen. 4 Birnenscheiben für die Garnitur beiseitestellen. Restliches Fruchtfleisch grob würfeln. Birnen in einen Topf geben und in wenig Wasser sowie mit 1 Esslöffel Zucker und etwas Zitronensaft dünsten.
2. Milch in einen Topf geben und mit restlichem Zucker, Zimtstange und Zitronenschale aufkochen. Milchreis zufügen, umrühren und bei geringer Hitze ca. 20 Minuten quellen lassen. Zimtstange entfernen. Erdbeersaft gut mit Puddingpulver verrühren.
3. Milchreis in vier Schälchen füllen, Birnenstücke und -scheiben daraufgeben. Mit Honig beträufeln und mit etwas Zimt bestäuben. Nach Belieben mit einem kleinen Klecks Joghurt toppen. Erdbeersoße separat dazu reichen.

Nach Belieben können Sie das Dessert auch mit etwas Vanille verfeinern.

Verschleiertes Bauernmädchen

Zubereitungszeit ca. 30 Min.

Zutaten für 4 Portionen

650 g säuerliche Äpfel (z. B. Boskop, Elstar), 2 EL Zucker, 2 EL Zitronensaft, 5 EL Apfelsaft, 1 TL Zimt, 200 g Pumpernickel, 20 g Butter, 250 g Sahne, 1 Pck. Vanillezucker, 4 TL Himbeerkonfitüre

1. Äpfel waschen, halbieren, Kerngehäuse entfernen und Fruchtfleisch würfeln. Mit Zucker, Zitronen- und Apfelsaft sowie Zimt in einen Topf geben und alles aufkochen lassen. Bei geringer Hitze unter gelegentlichem Rühren ca. 5–10 Minuten zu einem Kompott einkochen. Abkühlen lassen.
2. Pumpernickel fein zerbröseln. Butter in einer Pfanne schmelzen lassen und Pumpernickelbrösel darin rösten. Abkühlen lassen. Sahne steif schlagen, dabei Vanillezucker einrieseln lassen.
3. Die Hälfte des Kompotts auf Dessertgläser verteilen. Je einen Klecks Sahne daraufgeben und mit einigen Pumpernickelbröseln bestreuen. Restliches Kompott daraufgeben und mit übriger Sahne und Bröseln abschließen. Als Topping je 1 Teelöffel Konfitüre daraufgeben.

Statt der Äpfel können Sie dieses Dessert auch mit einer Mischung aus Äpfeln und Birnen zubereiten. Die Himbeerkonfitüre kann durch Erdbeermark ersetzt werden.

Lübecker Plettenpudding

Zubereitungszeit ca. 50 Min. + 2 Std. Kühlzeit

Zutaten für 4 Portionen

250 g Himbeeren, 50 g Puderzucker, 80 ml Himbeergeist, 3 Blatt Gelatine, 1 Vanilleschote, 250 ml Milch, 4 Eigelb, 100 g feiner Zucker, 1 Biskuitboden, 250 g Sahne

1. Himbeeren waschen, verlesen und trocken tupfen. Einige Himbeeren für die Garnitur beiseitestellen. Restliche Himbeeren in einen Topf geben und mit Puderzucker und 40 Millilitern Himbeergeist erhitzen. Mischung durch ein Sieb passieren und abkühlen lassen. Gelatine nach Packungsanweisung einweichen.
2. Vanilleschote der Länge nach mit einem Messer aufschlitzen und Mark herauskratzen. Milch in einen Topf geben und mit Vanilleschote und -mark aufkochen. Vanilleschote herausnehmen. Eigelbe mit Zucker cremig schlagen. Vanillemilch nach und nach unterrühren. Mischung in den Topf geben und unter Rühren andicken lassen. Gelatine einrühren. Pudding auskühlen lassen, dabei gelegentlich umrühren.
3. Biskuitboden waagerecht halbieren. Mithilfe eines Dessertglases acht Kreise ausstechen und mit restlichem Himbeergeist beträufeln. Sahne steif schlagen und unter den Pudding heben. Die Hälfte des Puddings mit der Himbeermasse vermischen.
4. Biskuit, Vanillepudding und Himbeercreme in die Dessertgläser schichten und ca. 2 Stunden kalt stellen. Plettenpudding vor dem Servieren mit beiseitegestellten Himbeeren garnieren.

Zitronencreme Dithmarscher Art

Zubereitungszeit ca. 25 Min. + 2 Std. Kühlzeit

Zutaten für 6 Portionen

6 Eier, 300 g Zucker, Saft und abgeriebene Schale von 6 unbehandelten Zitronen, 6 Blatt weiße Gelatine, 250 g Sahne, 6 Himbeeren und einige Blätter Minze für die Garnitur

1. Eier trennen. Eigelbe mit Zucker schaumig schlagen. Zitronensaft und -schale mit Eigelb-Zucker-Mischung verrühren.
2. Gelatine nach Packungseinweisung in etwas Wasser auflösen und erhitzen. Zur Zitronenmasse geben und einrühren. Eiweiße und Sahne steif schlagen und unter die Zitronencreme heben.
3. Zitronencreme in sechs Dessertgläser füllen und ca. 2 Stunden kalt stellen. Mit gewaschenen, trocken getupften Himbeeren und Minze garniert servieren.

Statt Himbeeren können Sie auch Erdbeeren verwenden. Die Minze lässt sich durch Zitronenmelisse ersetzen.

Rote Grütze

Zubereitungszeit ca. 25 Min.

Zutaten für 6–8 Portionen

500 g Johannisbeeren (weiß, rot, schwarz), 250 g Himbeeren, 250 g Erdbeeren, 250 g entsteinte Sauerkirschen, 1 Vanilleschote, 125 g Zucker, 45 g Speisestärke

1. Beeren und Kirschen waschen, verlesen, entstielen und trocken tupfen. Johannisbeeren in einen Topf geben und mit 250 Millilitern Wasser aufkochen. Kurz ziehen lassen und durch ein Sieb streichen. Vanilleschote der Länge nach aufschlitzen und Mark herauskratzen.
2. Johannisbeersaft mit Vanillemark und Zucker in einem Topf aufkochen lassen. Stärke mit etwas kaltem Wasser anrühren und in den Saft einrühren.
3. Himbeeren, Erdbeeren und Sauerkirschen vorsichtig unterheben (nicht mehr kochen lassen!). Abkühlen lassen und servieren.

Wenn Sie statt der frischen gefrorene Früchte verwenden, kühlt die rote Grütze schneller ab. Serviert wird sie traditionell mit Vanillesoße oder Vanilleeis. So wird das säuerliche Aroma der Früchte perfekt ergänzt.

Holsteiner Bickbeersuppe

Zubereitungszeit ca. 30 Min.

Zutaten für 4 Portionen

1 kg Blaubeeren, 80 g Zucker, 400 ml Apfelsaft, Saft und abgeriebene Schale von 1 unbehandelten Limette, Salz, einige Blätter Minze für die Garnitur

1. Blaubeeren waschen, verlesen und trocken tupfen. Einige Blaubeeren für die Garnitur beiseitestellen. Zucker in einen Topf geben und vorsichtig karamellisieren lassen. Mit Apfelsaft ablöschen und ca. 1–2 Minuten einreduzieren lassen. Blaubeeren, Limettensaft und -schale sowie 1 Prise Salz zufügen und alles ca. 5–6 Minuten köcheln lassen.
2. Mischung mit dem Stabmixer pürieren und durch ein Sieb streichen. In Suppenteller oder -schälchen füllen und kalt stellen. Vor dem Servieren mit beiseitegestellten Blaubeeren und gewaschener, trocken getupfter Minze dekorieren.

Die Holsteiner Bickbeersuppe schmeckt auch köstlich mit Schneeeiern. Hierfür 1 Liter Milch und 1 Päckchen Vanillezucker in einem Topf erhitzen. 2 Eiweiß mit 1 Prise Salz steif schlagen und dabei 40 Gramm Puderzucker einrieseln lassen. Mithilfe von 2 Esslöffeln gleichmäßige Nocken formen und auf die heiße (nicht kochende!) Milch setzen. Bei geringer Hitze ca. 2–3 Minuten ziehen lassen, zwischendurch mithilfe eines Esslöffels einmal wenden. Mit einer Schaumkelle herausnehmen und auf Küchenpapier abtropfen lassen. Schneeeier vor dem Servieren auf die Bickbeersuppe setzen.

Mädchen-röte

Zubereitungszeit ca. 25 Min.

Zutaten für 5 Portionen

4 Blatt Gelatine, 140 ml Johannisbeersaftkonzentrat 1:7 (gesüßt), 4 Eiweiß, einige rote Johannisbeeren für die Garnitur

1. Gelatine nach Packungsanweisung in kaltem Wasser einweichen. 20 Milliliter Johannisbeersaftkonzentrat in einen kleinen Topf geben.
2. Eiweiße in eine Schüssel geben. Restliches Johannisbeersaftkonzentrat in feinem Strahl langsam zugeben und alles schaumig schlagen.
3. Gelatine ausdrücken, zum Johannisbeersaftkonzentrat geben und bei geringer Hitze darin auflösen. Etwas Eiweißcreme zur Gelatine geben und alles verrühren. Masse unter die restliche Eiweißcreme heben.
4. Dessert in fünf Dessertgläser füllen und bis zum Servieren kalt stellen. Mit gewaschenen, trocken getupften Johannisbeeren garnieren. Dazu wird traditionell Vanillesoße oder Englische Creme gereicht.

Boddermelksupp mit Klüten

Zubereitungszeit ca. 30 Min.

Zutaten für 4 Portionen

1 l Buttermilch, etwas Saft und abgeriebene Schale von 1 unbehandelten Zitrone, 4 EL Zucker und nach Belieben etwas Zucker zum Abschmecken, Salz, 40 g Speisestärke, 6 Eier, 500 g Mehl, 2 Pck. Backpulver, 250 ml Milch

1. Buttermilch mit Zitronenschale, 2 Esslöffeln Zucker und 1 Prise Salz in einen Topf geben und zum Kochen bringen. Speisestärke mit wenig Wasser glatt rühren. Unter Rühren in die kochende Milch geben. Topf vom Herd nehmen. 3 Eier mit restlichem Zucker schaumig schlagen und in die Buttermilchsuppe rühren. Nach Belieben mit Zitronensaft und etwas Zucker abschmecken.
2. Reichlich Salzwasser in einem Topf zum Kochen bringen. Restliche Eier mit Mehl, Backpulver, 1 Prise Salz und Milch in einer Schüssel mit den Knethaken des Handrührgeräts zu einem homogenen, zähflüssigen Teig verrühren.
3. Mithilfe von zwei Esslöffeln Nocken (Klüten) abstechen und im siedenden Salzwasser gar ziehen lassen. Schwimmen sie oben, mit einer Schaumkelle herausnehmen und warm stellen. Klüten in die Suppe geben und sofort heiß servieren.

Friesische Fliederbeersuppe

Zubereitungszeit ca. 45 Min.

Zutaten für 4 Portionen

1 kg Holunderbeeren, 250 ml Apfelsaft, 1 Zimtstange, Saft und abgeriebene Schale von 1 unbehandelten Zitrone, 6 EL Zucker, 1 Apfel, 125 ml Milch, 1 EL Butter, Salz, 50 g Grieß, 1 Ei, 2 EL Speisestärke

1. Holunderbeeren waschen, verlesen und trocken tupfen. In einen Topf geben und mit etwas Wasser ca. 20 Minuten kochen lassen. Durch ein mit einem sauberen Leintuch ausgelegtes Sieb passieren und Saft auffangen.
2. Holundersaft in einen Topf geben und mit Apfelsaft, Zimtstange und Zitronensaft und -schale zum Kochen bringen. Mit etwas Zucker abschmecken. Apfel waschen, halbieren, Kerngehäuse entfernen, Fruchtfleisch würfeln und in die Suppe geben. Bei geringer Hitze köcheln lassen.
3. In einem weiteren Topf Milch, Butter, 1 Prise Salz und 1 Teelöffel Zucker zum Kochen bringen. Grieß unter Rühren einrieseln lassen und so lange köcheln lassen, bis sich die Masse als Kloß vom Topfboden löst. Topf vom Herd nehmen und Ei gut unterrühren.
4. In einem weiteren Topf reichlich Salzwasser zum Kochen bringen. Mithilfe von zwei Teelöffeln Grießklöße abstechen und im siedenden Salzwasser ca. 10 Minuten gar ziehen lassen und Klöße herausnehmen.
5. Stärke mit etwas Wasser glatt rühren. In die Suppe rühren und aufkochen lassen. Zimtstange und Zitronenschale entfernen. Fliederbeersuppe in Suppenteller füllen und mit Grießklößen servieren.

Hamburger Franzbrötchen

Zubereitungszeit ca. 45 Min. + 1 Std. und 15 Min. Gehzeit

Zutaten für ca. 10 Stück

250 ml Milch, 1 Würfel Hefe, 500 g Mehl und etwas Mehl für die Arbeitsfläche, 170 g Zucker, 1 Prise Salz, 170 g Butter, 1 ½ TL Zimt

1. Milch in einem kleinen Topf erwärmen. Hefe darin auflösen. Mehl in eine Rührschüssel sieben und in die Mitte eine Mulde drücken. Milch-Hefe-Mischung hineingießen und mit etwas Mehl verrühren. 70 Gramm Zucker, 1 Prise Salz und 70 Gramm Butter zufügen und alles mit den Knethaken des Handrührgeräts zu einem glatten Teig verkneten. Teig zugedeckt an einem warmen Ort ca. 1 Stunde gehen lassen, bis er sein Volumen sichtbar vergrößert hat.
2. Backofen auf 190 °C (Umluft: 170 °C) vorheizen. Backblech mit Backpapier auslegen. Restliche Butter mit restlichem Zucker und Zimt verrühren. Teig auf einer bemehlten Arbeitsfläche kurz verkneten und zu einem großen Rechteck ausrollen. Butter-Zimtzucker-Mischung gleichmäßig darauf verstreichen. Teig von der Längsseite her fest aufrollen und in ca. 4 Zentimeter breite Streifen schneiden.
3. Teigrollen auf das Backpapier legen. Den Stil eines Kochlöffels mittig in die Rollen drücken, sodass die typische Franzbrötchenform entsteht. Franzbrötchen abgedeckt weitere ca. 15 Minuten gehen lassen. Im vorgeheizten Backofen ca. 20 Minuten backen.

570

Altes Land

Im Alten Land südlich der Elbe auf Hamburger und niedersächsischem Gebiet reifen auf ca. 10.700 Hektar Fläche vor allem Äpfel, aber auch Birnen, Kirschen und anderes Obst. Es verdankt seine Entstehung den Niederländern, die es durch Entwässerungsgräben urbar machten und den bereits bearbeiteten Teil des Landes jeweils „altes Land" nannten.

Ostfriesen-torte

Zubereitungszeit ca. 1 Std. und 20 Min.

Zutaten für 1 Torte (Springform mit 26 oder 28 cm Durchmesser)
etwas Fett für die Form, 6 Eier, 220–230 g Puderzucker, 150 g Weizenmehl, 50 g Kartoffelmehl, 1 TL Backpulver, 800 g Sahne (33 %), nach Belieben Branntweinrosinen, etwas Krokant und einige Mandelblättchen für die Garnitur, 1 unbehandelte Limette

1. Backofen auf 170–180 °C (Umluft: 150–160 °C) vorheizen. Springform einfetten. Eier und 200 Gramm Puderzucker in einer Rührschüssel schaumig schlagen. Beide Mehlsorten mit Backpulver mischen, auf die Eiermasse sieben und mit dem Schneebesen vorsichtig unter die Masse heben.
2. Teig in die Springform füllen und glatt streichen. Im vorgeheizten Backofen ca. 40 Minuten backen. Biskuitboden abkühlen lassen und mit einem scharfen Messer zweimal waagerecht durchschneiden.
3. Für die Füllung Sahne mit restlichem Puderzucker steif schlagen und in vier Portionen teilen. Den unteren Biskuitboden mit einer Portion Sahne bestreichen und nach Belieben mit einigen Rosinen belegen.
4. Zweiten Boden daraufsetzen und ebenso verfahren. Obersten Boden aufsetzen und Tortendecke und -rand mit einer Portion Sahne bestreichen. Mit Krokant und Mandelblättchen verzieren. Restliche Sahne in einen Spritzbeutel füllen. Limette waschen, trocken tupfen, in Scheiben schneiden und Scheiben halbieren. Torte mit Sahnetupfern und halbierten Limettenscheiben garnieren.

Für die Branntweinrosinen 500 Gramm Rosinen in ein verschließbares Gefäß geben, 700 Milliliter Branntwein zugießen und 100 Gramm braunen Kandis zugeben. Gefäß gut verschließen und vor der Weiterverarbeitung mindestens 1 Woche an einem kühlen Ort ruhen lassen.

Lübecker Marzipantorte

Zubereitungszeit ca. 2 Std. und 15 Min. + 2 Std. Kühlzeit

Zutaten für 1 Torte (Springform mit 26 cm Durchmesser)
275 g Mehl, 275 g Zucker, 100 g kalte Butter und etwas Fett für die Form, 5 Eier, 1 Pck. Vanillezucker, 100 g Speisestärke, 2 TL Backpulver, 200 g Walnüsse, 100 g Marzipanrohmasse, 1 kg Sahne, 2 Päckchen gemahlene Gelatine, 5 EL Aprikosenmarmelade, 1 Marzipandecke, etwas Minze für die Garnitur

1. Backofen auf 200 °C (Umluft: 180 °C) vorheizen. 175 Gramm Mehl in eine Schüssel sieben. Mit 75 Gramm Zucker, kalter Butter und 1 Ei verkneten. Teig auf einem mit Backpapier ausgelegten Blech zu einem Kreis (mindestens 26 cm Durchmesser) ausrollen. Mehrmals mit einer Gabel einstechen. Im vorgeheizten Backofen ca. 15–20 Minuten backen. Auskühlen lassen. Mithilfe der Springform Mürbteigboden passend zurechtschneiden. Springform mit Backpapier auslegen und Rand einfetten. Backofentemperatur auf 180 °C (Umluft: 160 °C) reduzieren.
2. Restliche Eier mit 4 Esslöffeln heißem Wasser schaumig schlagen. 130 Gramm Zucker und Vanillezucker zufügen und alles verrühren. Restliches Mehl, Speisestärke und Backpulver mischen und kurz unter die Eier-Zucker-Masse rühren. Teig in die Springform geben und im vorgeheizten Backofen ca. 35 Minuten backen. Auskühlen lassen und aus der Form lösen. Biskuitoden waagerecht in drei gleich dicke Scheiben schneiden.
3. Einige Walnüsse für die Garnitur beiseitestellen. Restliche Nüsse fein hacken. Marzipan klein zupfen. 30 Gramm Zucker in einer Pfanne schmelzen und Walnüsse darin karamellisieren lassen. Marzipan einrühren. Pfanne vom Herd nehmen.
4. 800 Gramm Sahne steif schlagen, dabei 30 Gramm Zucker einrieseln lassen. 1 Päckchen Gelatine nach Packungsanweisung anrühren und unter die Sahne mischen. Walnuss-Marzipan-Masse unterheben.

5. Aprikosenmarmelade etwas erwärmen und gleichmäßig auf den Mürbeteigboden streichen. Einen Biskuitboden daraufsetzen und mit der Hälfte der Sahne-Walnuss-Masse bestreichen. Zweiten Biskuitboden daraufsetzen und mit restlicher Sahne-Walnuss-Masse bestreichen. Dritten Boden daraufsetzen und etwas andrücken. Torte mindestens 2 Stunden kalt stellen.

6. Restliche Sahne mit restlichem Zucker steif schlagen. Restliches Päckchen Gelatine nach Packungsanweisung in etwas kaltem Wasser anrühren und unter die Sahne mischen. Torte von allen Seiten mit Sahne bestreichen. Marzipandecke vorsichtig über die Torte legen, glatt streichen und passend kürzen. Reste verkneten und Deko daraus formen. Torte mit Marzipandeko, beiseitegestellten Walnüssen und Minze garnieren.

Holsteiner Förtchen

Zubereitungszeit ca. 20 Min. + 2 Std. und 30 Min. Ruhezeit

Zutaten für 1 Förtchenpfanne

7 g Trockenhefe, 500 g Mehl, 60 g Zucker, 500 ml lauwarme Milch, 3 große Eier, Salz, etwas Fett für die Pfanne

1. Hefe mit 60 Gramm Mehl, 1 Teelöffel Zucker und ca. 90 Millilitern Milch in eine Schüssel geben und zu einem Vorteig verrühren. Abgedeckt an einem warmen Ort ca. 30 Minuten ruhen lassen.
2. Eier trennen. Vorteig mit Eigelben, restlichem Mehl, restlichem Zucker und restlicher Milch mit den Knethaken des Handrührgeräts zu einem glatten Teig verkneten. Teig abgedeckt an einem warmen Ort weitere ca. 2 Stunden ruhen lassen. Eiweiße mit 1 Prise Salz steif schlagen und vorsichtig unterheben.
3. Teig in die Mulden einer gefetteten Förtchenpfanne geben und ca. 4 Minuten von beiden Seiten bei mittlerer Hitze goldbraun backen.

Die Förtchen können Sie vor dem Servieren noch warm in Zucker wälzen oder mit Puderzucker bestäuben.

Bremer Klaben

Zubereitungszeit ca. 1 Std. und 30 Min. + 1 Std. Ruhezeit

Zutaten für 2 Kastenformen (ca. 24 Portionen)

250 ml lauwarme Milch, 14 g Trockenhefe, 200 g Zucker, 1 kg Mehl, 1 TL Salz, 400 g weiche Butter und etwas Fett für die Form, 100 g Orangeat, 100 g Zitronat, 200 g Mandeln, 700 g Rosinen, 1 TL frisch geriebener Muskat, ½ TL Kardamom

1. Milch in eine Schüssel geben und mit Hefe und 1 Teelöffel Zucker mischen. Kurz ruhen lassen, bis die Mischung zu schäumen beginnt. Mehl in eine weitere Schüssel sieben und mit Salz mischen. Hälfte der Mehl-Salz-Mischung in eine Rührschüssel geben und mit Hefemilch, Butter und restlichem Zucker zu einem weichen Teig verrühren. Teig abgedeckt an einem warmen Ort ca. 30 Minuten ruhen lassen.
2. Restliche Mehlmischung zufügen und alles zu einem glatten Teig verkneten. Orangeat und Zitronat fein würfeln. Mandeln grob hacken. Rosinen, Orangeat, Zitronat, Mandeln und Gewürze mit dem Teig verkneten und Teig zu zwei Laiben formen.
3. Zwei Kastenformen einfetten. Teiglaibe in die Formen legen und weitere ca. 30 Minuten ruhen lassen. Backofen auf 180 °C (Umluft: 160 °C) vorheizen. Im vorgeheizten Backofen ca. 40–60 Minuten backen.

305
306
307
308
309

Tee

Friesischer Tee

Tee gelangte schon im frühen 17. Jahrhundert durch den Einfluss der Niederländischen Ostindien-Kompanie nach Ostfriesland. Der Ostfriesentee, eine Mischung verschiedener Schwarzteesorten, ist vielen ein Begriff und die ostfriesische Teekultur, ein fester Bestandteil hiesiger Gastlichkeit, ist seit 2016 immaterielles Kulturerbe der UNESCO.

Register

Abbildungen

Fotolia: 43 o. li. PhotoSG; 59 o. re. farbkombinat; 65 u. li. annabell2012; 85 shaiith; 99 u. li. FOOD-micro; 129 ji_images; 133 o. re. Christian Schwier; 140 M. re. PhotoSG; 140 u. li. imoke; 141 o. re. Kalle Kolodziej; Shutterstock: 3 o. li. FooT Too; 3 o. re. AS Food studio; 3 M. li. bonchan; 3 M. re. elxeneize; 3 u. li. travelpeter; 3 u. re. ILEISH ANNA; 5 Pawel Kazmierczak; 6 JL-Pfeifer; 10 mahey; 13 o. li. Dar1930; 13 o. re. Dar1930; 13 u. li. Dar1930; 13 u. re. Gert Hochmuth; 15 T-Design; 18 Kzenon; 20 o. Peter Zijlstra; 20 M. li. pixelnest; 20 u. li. Mor65_Mauro Piccardi; 20 u. re. TunedIn by Westend61; 21 o. li. Fotografie-Kuhlmann; 21 u. li. panoglobe; 21 o. re. vsnyder88; 21 M. re. Mor65_Mauro Piccardi; 21 u. re. Uta Scholl; 25 MariaKovaleva; 27 o. li. Martin Turzak; 27 o. re. Massimiliano Marino; 27 u. li. Rawpixel.com; 27 u. re. wiroj Roudkhlay; 31 sarsmis; 33 o. li. Bochkarev Photography; 33 o. re. sirtravelalot; 33 u. li. Charles Curtis; 33 u. re. Garry0305; 35 Dar1930; 36 o. li. Dar1930; 35 o. re. photographyfirm; 36 u. li. Dar1930; 36 u. re. Ralf Gosch; 37 o. li. Dar1930; 37 u. li. Oliver Hoffmann; 37 o. re. Ralf Gosch; 37 M. re. photographyfirm; 37 u. re. thefoodphotographer; 39 o. li. nika-lit; 39 u. li. Marian Weyo; 39 o. re. Joerg Beuge; 39 u. re. nika-lit; 43 u. li. Aneta_Gu; 43 o. re. ffolas; 43 u. re. Brent Hofacker; 45 o. re. AS Food studio; 47 o. li. pamuk; 47 o. re. Aleksandrova Karina; 47 u. re. aliasemma; 47 u. li. Artem Shadrin; 49 Lilyana Vynogradova; 51 o. li. MicrostockStudio; 51 o. re. Bernd Schmidt; 51 u. li. Thomas Francois; 51 u. re. momo2050; 52 o. li. pixelklex; 52 M. li. travelview; 52 u. li. jps; 52 o. re. Dar1930; 52 u. re. Michael Schroeder; 53 o. li. carol.anne; 53 u. li. jps; 53 o. re. travelpeter; 53 M. re. Keilholz; 53 u. re. 360b; 57 beta7; 59 o. li. Sea Wave; 59 u. li. id-art; 59 u. re. Africa Studio; 61 bonchan; 65 o. li. Ri_na; 65 o. re. Bildagentur Zoonar GmbH; 65 u. re. Sergii Tverdokhlibov; 67 MariaKovaleva; 68 o. li. Andrei Orlov; 68 M. li. Adrian Zenz; 68 u. li. Goran Bogicevic; 68 o. re. Mila Supinskaya Glashchenko; 68 u. re. Bildagentur Zoonar GmbH; 69 o. li. Bildagentur Zoonar GmbH; 69 o. re. elxeneize; 69 M. re. MNStudio; 69 u. Dmitry Chulov; 71 ILEISH ANNA; 75 Iryna Melnyk; 77 o. li. ffolas; 77 o. re. AS Food studio; 77 u. li. Karpenkov Denis; 77 u. re. ffolas; 79 stockcreations; 80 o. Pawel Kazmierczak; 80 M. li. travelview; 80 u. li. Frank Wasserfuehrer; 80 u. re. Michael Thaler; 81 o. li. dugdax; 81 o. re. Juergen Wackenhut; 81 M. re. Kateryna Moskalenko; 81 u. Gerckens-Photo-Hamburg; 87 o. li. Fanfo; 87 o. re. Cala Maffia; 87 u. li. Tatyana Malova; 87 u. re Yatso; 89 Family Business; 91 Robin Stewart; 94 o. li. Oliver Hoffmann; 94 M. li. papillondream; 94 o. re. Iakov Filimonov; 94 u. Juergen Wackenhut; 95 o. li. Tanja Tatic; 95 u. li. Kzenon; 95 o. re. Tom Bird; 95 u. re. wiwsphotos; 97 margouillat photo; 99 o. li. Volodymyr Mudretsov; 99 o. re. Alexander_Safonov; 99 u. re. Olya Detry; 103 o. li. Teresa Kasprzycka; 103 o. re. Irina Rostokina; 103 u. li. Jack Jelly; 103 u. re. Michelle Lee Photography; 105 Dar1930; 107 o. li. teleginatania; 107 o. re. Oleksiy Rezin; 107 u. li. Studio Dagdagaz; 107 u. re. teleginatania; 109 Elena Shashkina; 110 o. li. Bjoern Deutschmann; 110 M. li. Ivo Antonie de Rooij; 110 u. li. Philip Lange; 110 o. re. bluecrayola; 110 u. re. Stoyan Yotov; 111 o. li. Victor Grow; 111 u. li. monticello; 111 o. re. yuri4u80; 111 M. re. defotoberg; 111 u. re. Aleksandr Simonov; 115 Valeria Aksakova; 119 Angelika Sorkina; 121 Ildi Papp; 123 o. li. Lesya Dolyuk; 123 o. re. juefraphoto; 123 u. li. Sara Viazemskaia; 123 u. re. Lesya Dolyuk; 125 Julie208; 130 o. li. ajlatan; 130 M. li. ajlatan; 130 u. li. Andreas R.; 130 o. re. ajlatan; 130 u. re. Ariusz Nawrocki; 131 o. li. FooT Too; 131 u. li. Oliver Hoffmann; 131 o. re. Andreas R.; 131 M. re. Lukiyanova Natalia frenta; 131 u. re. powell'sPoint; 133 o. li. Malivan_Iuliia; 133 u. li. Kannithi; 133 u. re. Tapui; 135 Francesco83; 137 o. li. Andriy-Chik; 137 o. re. Anna Hoychuk; 137 u. li. Nina Esk; 137 u. re. ffolas; 139 MariaKovaleva; 140 o. IndustryAndTravel; 140 M. li. travelpeter; 140 u. re. sirtravelalot; 141 o. li. Gutzemberg; 141 M. re. NaturalBox; 141 u. Michael Thaler; Coverabbildungen: o. li. Lightboxx/Shutterstock; u. li. bonchan/Shutterstock; o. re. exclusive-design/Fotolia; M. re. Gabriele Rohde/Fotolia; u. re. Dar1930/Shutterstock

Alle Informationen in diesem Buch wurden mit größter Sorgfalt erarbeitet und geprüft. Weder Herausgeber, Autor noch Verlag können jedoch für Schäden haftbar gemacht werden, die in Zusammenhang mit der Verwendung dieses Buches stehen.

Erfahren Sie mehr!

www.garant-verlag.de

ISBN 978-3-7359-1470-5

Komplettproducing: twinbooks, München
Text und Lektorat: Karolin Küntzel, Jana Lösch, Melanie Goldmann für twinbooks, München